任正非

大头侃人、

于立坤 著

北京联合出版公司
Beijing United Publishing Co.,Ltd.

图书在版编目（CIP）数据

任正非 / 于立坤著. — 北京：北京联合出版公司，2020.9

（大头侃人）

ISBN 978-7-5596-4402-2

Ⅰ. ①任… Ⅱ. ①于… Ⅲ. ①任正非—传记 Ⅳ. ①K825.38

中国版本图书馆CIP数据核字（2020）第123531号

任正非

作　　者：于立坤　　　　　产品经理：穆　晨
出 品 人：赵红仕　　　　　出版监制：辛海峰　陈　江
责任编辑：李艳芬　　　　　特约编辑：丛龙艳
封面设计：BOOK STUDIO　　封面插画：张飞宇

北京联合出版公司出版
（北京市西城区德外大街83号楼9层　100088）
北京联合天畅文化传播公司发行
北京飞达印刷有限责任公司印刷　新华书店经销
字数 198千字　710毫米×1000毫米　1/16　16.75印张
2020年9月第1版　2020年9月第1次印刷
ISBN 978-7-5596-4402-2
定价：49.80元

版权所有，侵权必究
未经许可，不得以任何方式复制或抄袭本书部分或全部内容
如发现图书质量问题，可联系调换。质量投诉电话：010-88843286/64258472-800

序 言

1978年6月，日本著名音乐指挥家小泽征尔访问北京，他指挥中央乐团演奏了弦乐合奏《二泉映月》，大获成功。

第二天，小泽征尔到中央音乐学院访问，想顺便听听《二泉映月》原曲的二胡独奏，中央音乐学院就找来民乐系17岁女大学生姜建华给小泽征尔演奏。姜建华的演奏如泣如诉。小泽征尔听着听着，情不自禁，掩面而泣。

突然，他从坐着的椅子上顺势跪下去。在场的人大惊，以为他年事已高，身体出了什么状况，赶紧去扶他。没想到，小泽征尔虔诚地说："这种音乐应当跪下去听，坐着和站着听，都是极不恭敬的。"

曲终，小泽征尔泪流满面地站起来，对姜建华深深地鞠了一躬，说："谢谢您的演奏，要是早一点儿听到您的二胡演奏，我是根本不敢指挥乐队演奏《二泉映月》的。"随后又喃喃自语道："这是真正的天籁，是世界级的名曲。"

自从我在"蜻蜓"FM上做《大头侃人》栏目，就有许多听众催我："大头，什么时候讲一下华为的任正非啊？"我心里都在默默地说，如同小泽征尔面对《二泉映月》，这是需要抱着极度虔诚的心去讲企家，没有十足的把握、万般的准备，哪敢轻易开口。没想到，现在真的到讲华为的时候了。

2018年12月1日，华为首席财务官孟晚舟女士在加拿大温哥华转机时被捕，美国要求加拿大将其引渡到美国，理由是华为违犯了美国对伊朗的有关指控：2009—2014年，华为涉嫌使用其非官方子公司Skycom与伊朗做交易，违反了美国和欧盟对伊朗的制裁。

孟晚舟事情发生后，举世震惊，深为美国和加拿大这种粗暴的做法感到不安，很多人预感，一个大动荡的时代开启了。孟晚舟事件在中美关系史上是一个重要的标志性事件。

一个企业的高管被捕，在全球范围内是一件很普通的事，但为什么孟晚舟被捕会引起举世震惊？这是因为孟晚舟不但是华为的首席财务官，还是华为创始人任正非的女儿，也有媒体将她称作"华为公主"。

2019年5月，孟晚舟事件还没有解决，事态又陡然出现新的变化，美国总统特朗普签署行政命令，宣布美国进入"国家紧急状态"，在此紧急状态下，美国企业不得使用对国家安全构成风险的企业所生产的电信设备。随后，美国商务部以国家安全为由，宣布将华为及其70家附属公司加入管制"实体名单"，禁止华为在未经美国政府批准的情况下从美国公司购买零部件。

华为是中国的骄傲，是中国工业皇冠上的一颗明珠。根据2019年《财富》世界500强排行榜榜单，就在被美国宣布制裁的2019年，华为以营收109030.4百万美元，位居第61位，比2018年上升了11位。

华为是谁？它从哪里来？未来要到哪里去？

说到华为，我们就不得不提它的创始人任正非先生，他是大头最欣赏、最尊重、最佩服的企业家，没有之一。

任正非是一个注定要永铭中国商业史上的伟大人物，他重新定义了中国企业家精神。他的创业故事激励着无数企业家奋斗。他缔造的企业和他一样沉稳、低调，历经沉浮坎坷，却披荆斩棘，屡次登上时代的巅峰。

任正非早年从军，在基建工程兵部队服役，他和战友们一路开山架桥，为国家的建设做出了卓越贡献。改革开放后，他转业到国企，不料，因为善良和轻信，在一笔生意上被人坑害，给所在企业造成了巨额亏损，最终被除名。

时年43岁的他，失业、离婚、负债200万元，没有资本，没有人脉，没有技术，没有市场经验，为了活下去，带着亲朋好友凑的2万余元钱，在一个破旧的仓库里成立了华为。

三十多年后，华为已经跻身世界500强企业之列，成为年度营收逾800亿美元的超级企业……

这一路，是九死一生，这一路，是万劫幸存，这一路，是屡败屡战，华为没有神话，只有三十多年连绵不断的奋斗血泪史。

偏偏任正非非常低调，从来不愿意宣传自己，所以外界对他知之甚少，偶有介绍华为和他的书问世，一时间洛阳纸贵。我们今天讲华为的故事，就要从头讲起。

目 录
CONTENTS

第一章　四十年磨砺　　1

1983年，任正非离开了军队，踏上了深圳——全中国最有活力的这片热土。

第二章　中华有为　　23

商人的终极目的是挣钱，企业家的终极目的是改变世界，这是二者最大的不同。

第三章　飞渡　　49

这是华为芯片事业的起点，也是华为海思的前身，华为鼎鼎有名的麒麟芯片，追根溯源的话，就在这里。

第四章　天才憾事　　69

李一男对于华为有多重要？我用一句话就可以形容：一个李一男，半部华为史。

第五章　至暗时刻　　97

任正非想不通，在他看来，权力、利益（员工持股在90%以上）、舞台，甚至真情，他都给了员工，而这些人却选择背叛，他痛苦，他迷惘，他更心寒。

第六章　王者之相　　　　　　　119

"疾风知劲草，板荡识诚臣"，风雨真正到来的时候，才能看出哪些人是雄才大略、哪些人在纸上谈兵。

第七章　同频共振　　　　　　　143

在中国通信行业，大家都知道"左非右芳"。

第八章　走出去，活下去　　　　159

"国际化"这个词看起来光鲜艳丽，对华为来说，意味着华为年轻人的青春、汗水和牺牲。

第九章　华为手机　　　　　　　187

如今华为手机如日中天，但在当初，任正非是最强烈反对华为做手机的人。

第十章　芯片战争　　　　　　　203

华为在成长的过程中有1000次死亡，只是值得庆幸的是，任正非和华为1001次地站了起来。

第十一章　美国为何要拼死打压华为　　229

贸易战打的是现在，科技战打的是未来，而华为的底牌还没有翻完。

第十二章　华为为什么伟大　　　239

伟大的背后都是苦难，从任正非的成长经历来看，他其实是一个大时代的缩影。

第一章

四十年磨砺

1983年，任正非离开了军队，踏上了深圳——全中国最有活力的这片热土。

第一章 四十年磨砺

1944年10月25日，任正非出生在贵州安顺市镇宁县。

在中国的版图上，贵州是一个特殊的存在，所谓"江南千条水，云贵万重山"。明代王阳明曾云"天下之山，萃于云贵；连亘万里，际天无极"，贵州多山地，聚山万座成一国，史上素有"山国"之称。

贵州不若江南富庶之地，从来没有大批量出现过杰出人物，但贵州的杰出人物一旦从山旮旯里蹦出来，那就是鬼才、奇才。

任正非就是其中的杰出代表，他身上有贵州人那种"日鼓鼓"的精气神，所谓"日鼓鼓"，简单说就是倔、认死理、坚韧不拔、百折不挠。

著名经济学家张五常说："在中国的悠久历史上，算得上是科学天才的有一个杨振宁，算得上是商业天才的有一个任正非。其他的天才虽然无数，但恐怕不容易打进史书去。"

中国人讲究慎终追远，很多人不知道的是，任正非只是新"贵人"，他的祖籍其实是浙江金华，祖父名叫任三和，来自金华市浦江县黄宅镇的任店村。

任三和有一门在黄宅镇远近闻名的手艺——制作金华火腿。他做出来的火腿色泽金黄、纹理明显，味道更是无可挑剔，深得吃货们的欢心，搁到现在的话，没准儿能上《舌尖上的中国》。老话说，家财

大头侃人：任正非

万贯，不如一技傍身。凭借这门手艺，任三和一家衣食无忧，后来还盖了一座气派的徽式四合院，这是中国商人的传统。北方商人建大院，南方巨贾造园林，千古一脉相承。

1910年11月16日，任三和有了一个小儿子，他给孩子取了个很出众的名字——任木生（看来这孩子是五行缺木啊），字摩逊，意为儿子长大后不逊色于任何人。

说起来还真有意思，任摩逊真的像他父亲希望的那样，自幼聪慧，好学善学，再加上家境殷实，大家都觉得任摩逊前途不可限量，将来是要"中翰林、点状元、做大官"的。

等到任摩逊读了几年书，他的父亲任三和老先生却不愿意再让他上学深造了，觉得读书再多也没有用，认识几个字会记账就行了，还是扎扎实实学门手艺更好。

任老先生还在大门正上方刻了"绳其祖武"四个大字，意思是要跟着祖先的足迹继续前进，后人应该继承父辈的手艺。任摩逊显然不这么认为，他更愿意做个读书人，而不是火腿大师傅，他要出去读书、见世面。父子二人就这样产生了冲突。

其实在我看来，人在世俗的物质生活之外，的确应该有一个精神世界。读书不是目的，真正的目的是明理和构筑自己的精神世界。在那个世界里，风雨不可进，国王不可进，只有自己能够无边无际地自由翱翔。

就像《肖申克的救赎》这部电影里说的，这个世界上，有一种鸟是永远关不住的，因为它的每片羽毛都闪着自由的光辉。任摩逊就是闪耀着自由光辉的这种人。

老话说"儿大不由爷"，最终，任三和做出了让步，让他的这个小儿子继续读书。这个决定深远地影响了任氏一脉的命运，在后来任摩

第一章　四十年磨砺

逊、任正非父子两人最困难的岁月里，任摩逊再三跟任正非强调学习的重要性，让他千万不要放弃学习。

1931年，任摩逊考上了北平民大经济学专业，随后在父母族人的期许中去学校就读，这本来是一个可以看到结局的故事：读书、结婚、继承家业或者做官……

但是，世事难料，这一年，局势骤变，日本入侵东北。天下之大，已经放不下一张安静的书桌，国难当头，山河破碎，任摩逊和满腔热血的同学们不甘心做亡国奴，开始积极地参加各种救亡运动。

孰料祸不单行，任摩逊在大学读了三年后，他远在浙江的父母相继病逝了。这对任摩逊来说，简直就是晴天霹雳，一是感情上受到了巨大的打击，二是经济上也失去了来源，他没办法再上学了，只好辍学回家。

回到故乡后，任摩逊先后在浙江定海水产职业学校、南京农业职中任教，以维持生计。

1937年，机缘巧合之下，颠沛流离之中，任摩逊因同乡介绍，来到广州国民党412军工厂做会计。这个工厂主要生产防毒面罩，是军工产业的边缘产业，随着局势的发展，工厂先是迁到了广西，再从广西迁到了云南，又从云南迁到了贵州。

当时，烽火连天，每个人都是朝不保夕，谁也不会想到，412军工厂这段工作经历后来会给任摩逊及其家族带来那么巨大的影响，在未来的岁月中，整个家族因为这件事灾祸不断。

颠沛流离的生活并没有让热血青年任摩逊丧失对人生和国家的热

爱。他私下里宣传抗日，组织讨论会，举办读书会，用行动抒发自己的爱国情怀。这个读书会里，人才荟萃，后来出了不少地方高级干部。

很快，任摩逊办的读书会引起了国民党特务的注意，特务们准备抓捕他。

危急关头，任摩逊不得不另做打算，以送同乡回老家为由，离开了工厂。可他回到老家后也备受国民党特务的骚扰，为摆脱一路尾随纠缠的特务，他佯装得了恶疾，让村里人用轿子把他抬到当地的火车站。特务怕被传染，不敢靠近阻拦，任摩逊就这样机智地逃离了家乡，这一去，青丝变白发，天涯漂泊，如小舟逝于江海，再未归港。

为了不给老家的人带来麻烦，也为了找个安全的避难所，任摩逊乘着继续南下的火车再次返回贵州，在这个"地无三尺平、天无三日晴"的西南山国开始了自己的人生漂流。

至于浦江的那个家，任摩逊再也没有回去过。直到1995年5月，已经85岁高龄的任摩逊，在儿子任正非的陪同下，最后一次逛了浦江县城，父子俩拍照留念，不知是近乡情怯，抑或是怕睹物思人，任摩逊最终没有迈进家门半步。

这几十年的时间里，人间万事消磨，任摩逊经历了种种生离死别，到头来恍有人生如梦之感，自故园返回贵州不到一个月，任摩逊与世长辞。

贵州过去是多以偏远闻名于世的，不论是"黔驴技穷"还是"夜郎自大"，都是在暗暗地表达这一地区文化与中原文化的距离感。往事越千年，时代真的不一样了，如今的贵州已成为中国的大数据之都，因为气候凉爽、利于散热，可以为互联网公司节省不少电费的支出。

可在任摩逊所处的年代，贵州还是非常落后的。不过冥冥中自有定数，当年重返贵州后，任摩逊再执教鞭，结识了他此生的灵魂伴侣——程远昭。

程远昭是贵州人，在这个西南山国长大。非常幸运的是，就在同龄人结婚的年纪，她在父母的支持下念完了高中，在当时，她在当地算是个"大"知识分子。结识任摩逊之后，程远昭更是见贤思齐，不断自学精进，最后成了一名数学老师。

任摩逊和程远昭结婚后，举案齐眉，相敬如宾。1944年10月25日，任摩逊和程远昭迎来了他们的第一个孩子，这一年，任摩逊34岁，程远昭17岁。

家有添丁之喜，国有动荡之忧，看着这个呱呱坠地的儿子，任摩逊忧从喜来，想到自己北上京华读书正是青春放歌之际，孰料国破家亡、山河破碎，自己在大时代的洪流里颠沛流离，历经各种是非、无数成败……

任摩逊希望自己的儿子在以后的人生中能明辨是非，不为名利所动，不为磨难所败，成为对社会有价值的人，所以他和妻子认真地为这个孩子起名为任正非。这是他们的期盼，期盼这个孩子未来可以正本清源、明辨是非，这也是他们对孩子的祝福：江湖千秋磨难，任我行。

新中国成立后，任摩逊穿着土改工作队的棉衣，随解放军剿匪部队一同进入贵州少数民族山区，在那里，他创办了镇宁民族中学，他培养的学生中有不少后来成为党和国家的高级干部，但他的一生如同枝叶掩映的春泥，不为人知。

当时任家的生活比上不足，比下有余，任正非曾回忆说："我们家炒菜是有盐的，当地认为有盐炒菜的人就是富人了。我们不能完全说是很穷的穷孩子，但是，我们和城市的孩子比起来，认识确实太孤陋

大头侃人：任正非

寡闻了。"

不过，随着家里的孩子日渐增多，生活就变得捉襟见肘，任摩逊最小的儿子1956年出生，整整比任正非小十二岁。

那时，任摩逊的全部时间和精力都花在教育上，家里的担子只有程远昭一个人扛。虽然如此，她却从不抱怨，朴实善良、性格开朗的她成了这个九口之家的顶梁柱。

根据大头的观察，一个家族中，妈妈的素质往往决定了后代的命运，前有孟母三迁，后有岳母刺字，都雄辩地证明了娶妻娶贤的重要性，程远昭就是这样一位优秀的妻子、伟大的母亲。

当时，程远昭最大的使命就是保证一家人活下去，她总是把其他人照顾周全了才顾得上自己，平日里张罗着家人吃上饭，她自己便开始拾掇灶台，等活计都干完，家人又都吃完了饭，她又得开始忙前忙后收拾，吃不上饭成了常有的事。

程远昭身上融合了中国传统女性和知识女性的优良品质，她勤劳、耐苦、慈爱，生完孩子当天就下地做饭，忍饥挨饿时而有之，同时她也上进、努力、不服输，在教学的同时，想尽一切办法保证全家人活下去……她的这些特质深刻影响着年幼的任正非，是他不服输、开朗个性的源头。"好父母胜过好老师"，诚不我欺。

生活艰辛，可无论怎样煎熬，任摩逊夫妇从不多吃一口粮食，他们家那时就已经很"时髦"，实行"分餐制"，但不是为了避免传染疾病和远离病毒，而是共餐这种模式下，大孩子会多吃，年龄小的孩子吃得少，因为粮食总量不够，就会有人饿死。他们给每个孩子定量，不能争抢，这样尽管大家都忍饥挨饿，但保证了没有一个孩子饿死，这样"残酷"的规则，保证了家族的完整性，而程远昭那份本就不多的口粮经常出现在饥肠辘辘的孩子的碗里。

"我从小到大，最大的记忆就是吃不饱，最困难的三年自然灾害时期，我最大的梦想是想吃一个馒头。晚上睡觉做梦都在想是不是有个馒头吃，并不是追求好好学习，将来有什么发展机会……"许多年以后，任正非接受德国电视一台采访的时候，如是说。

这段难忘的岁月，让任正非初尝了人生艰辛的一面。

到了三年困难时期，任正非一家的情况更加窘迫，任正非在《我的父亲母亲》这篇文章里是这样描述那段艰难岁月的：

> ……每个学期每人要交2~3元的学费，到交费时，妈妈每次都发愁。我经常看到妈妈月底就到处向人借钱度饥荒，而且常常走了几家都未必借到。
>
> 直到高中毕业我没有穿过衬衣。有同学看到很热的天，我还穿着厚厚的外衣，就让我向妈妈要一件衬衣，我不敢，因为我知道做不到。我上大学时妈妈一次送我两件衬衣，我真想哭，因为我有衬衣了，弟妹们就会更难了。我家当时是2~3人合用一条被盖，而且破旧的被单下面铺的是稻草。
>
> 上大学我要拿走一条被子，就更困难了，因为那时还实行布票、棉花票管制，最少的一年，每人只发0.5米布票。没有被单，妈妈捡了毕业学生丢弃的几床破被单缝缝补补，洗干净，这条被单就在重庆陪我度过了五年的大学生活。
>
> 我们家当时每餐实行严格分饭制，控制所有人欲望的配给制，保证人人都能活下来。如果不是这样，总会有一两个弟妹活不到

大头侃人：任正非

今天。我真正能理解"活下去"这句话的含义。

高三快高考时，我有时在家复习功课，实在饿得受不了了，用米糠和菜和一下，烙着吃，被父亲碰上几次，他心疼了。其实那时我家穷得连一个可上锁的柜子都没有，粮食是用瓦缸装着，我也不敢去随便抓一把。

高考前三个月，妈妈经常在早上塞给我一个小小的玉米饼，要我安心复习功课。

1963年，任正非凭借顽强的意志，以中上的成绩考入了重庆建筑工程学院（2000年，该校被并入重庆大学），不得不说，在那个动荡的时代，这是命运给予他最好的礼物，它开启了任正非后来的人生所有可能。

进入大学，任正非决心不辜负父母的苦心，学习十分刻苦。按照正常的人生轨迹，大学毕业之后参加工作，能赚钱孝敬父母，家里的生活会慢慢变好。可是没想到，就在这时候，"文化大革命"爆发了。

我们从任摩逊的几张老年照片以及他的往事中可以看出，任摩逊是一个性情沉稳、低调内敛、不苟言笑、认真严厉的老知识分子。在"文革"前多次运动中，任摩逊都很低调，所以没有受到冲击，但这次他没能躲过去。

虽然1958年任摩逊以高级知识分子的身份入了党，但因他曾经在国民党军工厂工作，以及他积极的革命进步意志，造反派给他扣上了"修正主义"的罪名，他很快就被打倒了。

在此期间，任摩逊常被造反派推到大街上游街示众，那个时候流行给他们这些"五类分子"头上戴高帽，脸上涂上墨，让他们在众人簇拥中接受批斗和拳脚，人格尊严荡然无存。

有一次，任摩逊曾经的学生指着他质问："开学第一天，你就在光天化日之下向我们宣扬孔孟思想，你承认不承认？"

这个学生指的"宣扬孔孟思想"是什么呢？其实是任摩逊在开学典礼上引用了孔子的"工欲善其事，必先利其器"这句话，希望同学们珍惜时间，努力学习。但在当时，这也成了罪名。

见任摩逊不肯承认，这个学生举起一根柴棒就朝任摩逊背上打去，力度之大，柴棒直接在任摩逊后背上断成了两截。

多年之后再谈起，任摩逊还开玩笑说，得感谢那根柴棒，它要是结实一点儿，自己肯定要被打坏的。

那是一个颠倒黑白的年代，许多高级知识分子都遭到了这样的待遇，许多人宁为玉碎，不为瓦全。

任摩逊在动荡的时代依然坚持顽强的信念，他一直在告诉自己一定要活下去，因为他还有七个儿女要养活，他们都还小，更何况长子任正非正在读大学，这一切都成了他坚不可摧的希望。

任摩逊心心念念着儿子的学业，希望他不要因此受影响。程远昭在写给儿子的家信里也对丈夫的遭遇绝口不提，两个人给任正非搭建了一个虚拟的"太平人间"。

得益于程远昭的隐瞒，任正非才能安心学习，他在高数、电子计算机、数字技术、自动控制、简易逻辑和哲学等学科上下了很多苦功，同时自学了三门外语，后来他到世界各地出差，好多时候都不用翻译，就是源于此时打下的基础。

但纸包不住火，世上没有不透风的墙。1967年的一天，任正非从一位贵州老乡的口中得知了父亲的遭遇。他心急如焚，决定马上回家探望，可他没钱买票，最后一咬牙，决定扒火车回家。

大头侃人：任正非

因为没有买票，任正非在火车上挨了上海造反派的打，被打得受不了，说："你们不要打了，我补票行不行？"但是对方粗暴地把他推下了火车。任正非只好扒下一列火车，结果再次被发现，又挨了车站人员的打。任正非咬着牙继续扒火车，最终成功成行。他不敢直接在父母工作的地方下车，怕再碰到查票的，给家人丢脸，给父母惹麻烦，于是在前一站青太坡下车，再步行十几里回去。

半夜，任正非终于回到了家。任摩逊夫妻见儿子鼻青脸肿地回来了，跟乞丐一样，又惊又喜，百感交集。惊喜过后，心疼之余，窗外已经是星月起落，任摩逊夫妇很快恢复了理智，他们怕儿子被人发现后受牵连，影响他的前途，便狠下心来，让他第二天一早就走。

第二天天不亮，任摩逊就催儿子赶回学校，送儿子出门时，看见儿子的鞋破破烂烂，连脚趾都露出来了，他没有任何的犹豫，下意识地就脱下自己的翻毛皮鞋给了儿子。

"鸡声茅店月，人迹板桥霜"，临别之际，任摩逊对任正非说了两句话："记住，知识就是力量，别人不学，你要学，不要随大流。""以后有能力要帮助弟弟妹妹。"

多年后，任正非回忆往事，泪如雨下："我当年穿走爸爸的皮鞋，没念及爸爸那时是做苦工的，泥里水里，冰冷潮湿，他更需要鞋子。现在回忆起来，感觉自己太自私了。"

任摩逊为什么特意嘱咐任正非要照顾好弟弟妹妹？因为那时大学已经停招了，除了任正非读了大学，其他孩子没办法接受高等教育，只能找苦力活干。

任正非的弟弟妹妹们后来的求生技能，都是自学的。几年后，任正非结婚，弟弟妹妹凑了100元送给他。任正非特别心疼，他知道这都是他们在冰冷的河水中筛沙、修铁路时冒着塌方危险挣来的血汗钱。

当年，残酷的生活重压之下，为了活命，任正非的六个弟弟妹妹只好外出找活干，可是他们太年轻了又没有什么文化和技能，只能做一些简单的苦力活，换取的回报也微乎其微，此时支撑家里开销的担子仍落在妈妈程远昭的肩上。

程远昭一边在家里扮演着丈夫"挡风墙"的角色，一边在外面抬土方、挖沙子，甚至做巡道工，她的身体和精神长年处于紧张的状态，这让她心力交瘁，不仅听力受损，后来还不幸患上了肺结核。

因为这些坎坷的人世经历，任摩逊和程远昭夫妇曾经认真地和任正非他们兄妹谈过话："你们兄妹，今生今世不许做老师。"

这是当时一个普通人家的无奈避祸之举，也是一个国家的长远发展之殇，如果优秀的人都不去做教育了，这个国家还会好吗？

程远昭老人一世慈悲、刚强，但等到任正非功成名就，有能力为父母颐养天年的时候，她却死于一场非常意外的车祸，这件事令任正非肝肠寸断。

《华为基本法》的草拟者之一、中国人民大学教授彭剑锋后来透露："这件事对任正非打击极大，在老任看来，企业做这么大，关键时刻，连母亲都照顾不了，他非常痛苦。"

树欲静而风不止，子欲养而亲不待，这是世间最深沉的悲剧。

任正非在《我的父亲母亲》中写道：

> 回顾我自己走过的历程，唯一有愧的是对不起父母，没条件时没有照顾他们，有条件时也没有照顾他们。

大头侃人：任正非

> 爸爸，妈妈，千声万声呼唤你们，千声万声唤不回。

1968年，任正非大学毕业。按照学制，他本应该在1967年毕业，可是"文革"造成的大混乱，导致67届的大学毕业生到了1968年才分配工作。任正非进入一家建筑工程单位，参加了"三线建设"中的一些工程。

到了1974年，因为国家要进行"四三方案"，任正非应征入伍，成为一名基建工程兵，前往辽宁，参加辽阳石油化纤厂的建设。

所谓"四三方案"，指的是20世纪70年代初，国家为解决民生问题，解决老百姓吃饭穿衣的问题，动用大笔外汇，向美国、联邦德国、法国、日本、荷兰、瑞士、意大利等发达国家大规模引进成套技术设备的计划，共需要资金43亿美元，所以被称为"四三方案"。

那些年里，中国的棉花年产量一直徘徊在4000多万担的水平，纺织原料紧缺。任正非回忆道："那个时候发布票，就发一尺七寸。不是公尺、市尺，你说这个布能做衣服？短裤都做不了，只能补衣服。"

有了大庆油田，用化纤来代替棉布也就有了基础，这种化纤，就是如今已经基本见不到而且很多年轻人听都没听过的"的确良"，它比棉布更耐磨，而且不起皱，是当时的紧缺商品。任正非参加的石油化纤厂建设便属于"四三方案"中的一个工业项目。

入伍要过政审这一关，当时任正非很紧张，担心自己政审过不了关。但那个时代被斗倒的老干部和知识分子多如牛毛，和那些人相比，任摩逊职级太低，并不惹眼，任正非侥幸跨越了这道坎。

任正非能顺利入伍，还沾了自己好学和技术能力强的光。他在大学期间主攻技术，而当时军队中最缺的就是技术人才。于是，任正非顺利入伍。

第一章 四十年磨砺

任正非被分到了部队的实验室,担任实验室的仪表专业技术员,因此他被称为"任老技"。

勤学敏思的任正非科技素养很高,在部队技术发明中表现优异,特别是两次对国家科技空白的及时填补,让领导和战友们不禁交口称赞。

由于父亲的背景,任正非在军队中除了一个"学毛著标兵"的口头嘉奖,再没有得到任何实质性的嘉奖,但正是这些看起来的遗憾让他养成了淡泊名利、宠辱不惊的心态。

后来他曾说:"无论我如何努力,一切立功、受奖的机会均与我无缘。在我领导的集体中,战士们立三等功、二等功、集体二等功,几乎每年都大批涌出,而唯我这个领导者从未受过嘉奖。"但是,"我已习惯了我不应得奖的平静生活,这也培养了我今天不争荣誉的心理素质"。

后来华为名满天下后,任正非也从不混圈子,国内那么多企业家高端俱乐部,他都不加入,给人感觉很神秘。其实这和他的这段经历有关系,他一直说,加入圈子有什么好处呢?无非是得意时相互吹捧一下,失意时相互踩踏一下。

从这个角度来说,任正非真是洞察人性的大师。

从1974年应征入伍到1982年,任正非历任技术员、工程师、副所长(技术副团级),1983年以技术副团级的身份转业,这段军旅时光是任正非人生最美好的阶段,虽然艰苦,但在部队的生活已经告别了饥馑和动荡,任正非的军旅生涯,是他一生中意义重大的气质锻造阶段。

作为职业军人,他有超强的组织性和纪律性,所以后来华为的"狼性"文化本质上是一种军队式的高效组织结构和行为方式。

据一名跟随任正非多年的老员工讲,任正非很喜欢读《毛泽东选集》,一有闲工夫,他就琢磨怎样将毛泽东的兵法转化为华为的战略。

大头侃人：任正非

华为早期"农村包围城市"战略，便是任正非从《毛泽东选集》中学到的神来之笔。

这段经历也给他带来一些困扰，后来华为开拓海外市场，一些国家和外企质疑华为有中国军方背景，戴着有色眼镜看华为，总想从华为那里找到一些对自己有利的东西。这个逻辑非常可笑，世界500强企业里有许多创始人和首席执行官毕业于西点军校，难道他们都是美国军方的企业？以色列全民皆兵，许多年轻人服完兵役去创业，难道他们创建的那么多上市公司都是以色列军方的企业？这个无厘头的逻辑根本站不住脚，但世界就是这样，不论在哪个国家，都有人唯恐天下不乱，到处散播和制造谣言。

1976年10月，"四人帮"被粉碎，中国终于回到正常的发展轨道上，任正非父子的命运也出现了极大变化。任摩逊被平反了。那时百废待兴，国家需要尽快恢复一些重点中学，提高高考的升学率，任摩逊被任命为贵州都匀县第一中学校长。

要知道，"文革"前，任摩逊已经是当地专科学校校长，现在上级要求他去做一所中学的校长，算是降级了，但任摩逊不计较自己的荣辱得失，只要有工作机会就全身心地投入，很快就把教学质量抓起来了，学校升学率达到了90%多，远近闻名。

直到1984年，任摩逊才退休。他说，他总算赶上了一个尾巴，干了一点儿事。

对于父亲的起起落落，任正非为老一辈的政治品行自豪，他们从牛棚中出来，一恢复正常岗位就拼命地工作。他们不以物喜，不以己悲，不计荣辱，忠于祖国和事业的精神值得我们这一代人以及子孙后代学习。

而任正非也一下子成了奖励"暴发户"。

在部队里，任正非因为个人的科技成果两次填补国家空白，又有发明创造，合乎时代需要，成为"标兵""功臣"，部队与地方的奖励排山倒海式地压过来。任正非依然淡泊，许多奖品都是别人去代领回来的，他又分给了大家。

1978年3月，任正非出席了全国科学大会，6000个代表中，35岁以下的仅有150多人，其中任正非33岁。

在此期间，发生了一段有趣的小插曲，大会期间，别人在开党员会议选举代表团党委，任正非在花园里散步。组织方看见了就批评他怎么不参加党员会议。

任正非说"我不是党员"，把对方吓了一跳。在那个时代，不是党员，连炊事班班长都不能当；国家这么重要的高级别会议，不是党员怎么能参加呢？于是他们就给任正非所在的兵种司令员打了电话，要求他们高度重视此事。部队开始认真考虑他的入党问题。

在会议快结束的时候，罗瑞卿大将专门给他们这些军人代表做了发言，发言的核心意思是，以后国家要以经济建设为中心，会有一段较长的和平时期，这也是邓小平同志对国际形势的判断。那时任正非还不明白这句话的含义，后来他才体悟到领导人言论的水平和预见性。

开完会议，任正非回到了部队，入党的事情提上了日程。

任正非入党前，上级指派一个叫许国泰的记者来考察他。许国泰叫任正非一起出去散步，不知"内情"的任正非说："别着急，我先去换个衣服。"许国泰跟着到了任正非的宿舍，见他在床下找衣服、袜子，在一大堆要洗的衣物里，闻闻哪个不臭就穿哪个，然后就出门了。

许国泰见任正非这么尽心地钻研技术而没有工夫料理个人生活，他就告诉师政委自己愿意做任正非的入党介绍人。师政委说他也愿意做介

大头侃人：任正非

绍人。就这样，任正非正式入了党。

后来任正非又出席了党的第十二次全国代表大会，一生沉浮的任摩逊为任正非与党中央领导合影的照片做了一个大大的镜框，挂在墙上，一家人都引以自豪，隐约向外界传达了他们这一脉回归正常生活的信息。

入党后，任正非在军中的工作环境好了许多，但是，在大时代的洪流里，一滴水怎么会知道洪流的方向呢？就在任正非在科研的道路上越走越开阔的时候，世界格局发生了巨大的变化。

美国和苏联这两个超级大国的全球争霸赛告一段落，谁也没有能力消灭对方，这就为全球提供了一种相对和平的可能。邓小平同志目光如炬，对国际局势做出了大胆的判断：全球会有一段较长的和平时期，中国要以经济建设为中心。

之前由于备战的需要，军队的数量十分庞大，给国民经济的发展带来了极大的压力。到了党的十二大召开的时候，裁军已经成为最高决策层的共识，首当其冲要被裁撤的就是任正非所在的基建工程部队。

这个时候，任正非突然体悟到，当年罗瑞卿大将跟他们讲话时其实悄然提到了这个信号，只是当时他们都没有这个意识。在随后的裁军大潮中，邓小平反复告诫军队，为了整个国民经济大局，军队要"消肿"，大家要"忍耐"！

不过，任正非并不担心此事，当时他已经是军队中的技术骨干，不是首批裁撤对象，而且部队的领导也早已经给他规划好了职业生涯发展路径——准备将他分配到一个军事科研基地。

但是，这个时候，任正非面临着一个非常矛盾的抉择：妻子和两

第一章 四十年磨砺

个孩子怎么办?他是一名军人,但同时也是妻子的丈夫,是两个孩子的父亲。

大概在1971年,任正非结婚了,妻子叫孟军。孟军的父亲叫孟东波,曾是四川省副省长,不过那时候孟军没沾家庭什么光,反而因为父辈的问题受到了连累。孟东波早在1968年就被下放到"五七干校"劳动改造,家人和孩子深受其累。

同为天涯沦落人,任正非和孟军,两个同病相怜的人走到了一起。

近些年,中国有个"岳父论",大概意思是说,每个成功的男人背后都站着一个厉害的女人,这个厉害的女人背后有一个更厉害的岳父。从王石到任正非,都被这样议论过。在我看来,这是一种懒惰的思维。我从来不排除这种背景会有积极的影响,但绝不是决定论,好像这个人后来的成功一切都是岳父的功劳。别忘了,大多数岳父也是有儿子的,怎么没见这些儿子有出息?难道岳父对亲儿子还没有对女婿上心?更何况那个时代,很多老革命者心怀理想,耻于为儿女做这些蝇营狗苟的事情。所以,"岳父论"可以休矣,但是,这种门第差距较大的婚姻确实有一个普遍的问题,婚姻生活一般都不会太幸福,因为有太多的地方需要磨合。

鲁迅说,贾府的焦大不会爱上林妹妹。那他会爱上什么样的女人?应该是那种身体强健,搬麻袋可以一搬200斤,一口气上七楼腰不疼气不喘的人。林黛玉看见落花就流泪、望月便伤心,长吁短叹、敏感多思,焦大一看就觉得她不行,但在贾宝玉看来,这都是生活有情调的表现。

当年李敖千方百计追上胡因梦,后来两个人感情不太好,很快就

大头侃人：任正非

分开了。李敖很不厚道，写了一篇文章，说这段婚姻的新鲜感很快就过去了，有一天他打开洗手间的门，见到胡因梦正在里面，脸憋得通红，他突然觉得，即使是美人，便秘的时候也不那么可爱。所以在婚姻的新鲜感过去以后，就要看双方的磨合，门第差距太大，婚姻的磨合就会特别痛苦。

在任正非和孟军之间，这种差距也是存在的。

孟军的性格很刚烈，在"文化大革命"中曾经是重庆30万"红卫兵"的政委，是一个叱咤风云的人，后来父亲被打倒后，她就被赶下台了；而任正非是连"红卫兵"都参加不了的"逍遥派"。

任正非大学毕业后没有女朋友，就有人为他们俩做介绍。在任正非看来，孟军是天上飞的"白天鹅"，自己是地上的"小蛤蟆"，除了学习好，家庭环境并不好，父亲还在"牛棚"里。但是世间的事情就是这样奇怪，两个看上去非常不搭的人竟然结了婚。两人婚后第二年，长女任晚舟出生，小名胖胖。十六七岁时，任晚舟改随母姓，她就是日后大名鼎鼎的孟晚舟。1975年，长子任平出生。

任晚舟和任平姐弟俩常年随同父亲的工程部队调动，没过上多少安顿的日子。这种情况下孩子的学习堪忧，对同学和老师经常还没有认全，就又转学到了新地方，所以，姐弟俩的考试成绩都不太如意。

有一天，还在上小学的任晚舟跟任正非开玩笑说："爸爸，将来我要是考不起大学，你要为我的前程负责。"

前华为副总裁刘平曾回忆说，任正非的小儿子任平成绩不太好，他又很贪玩，性格上更像他的爸爸任正非，每次及格了都给父亲报喜。有一次，刘平听见他打电话，说要告诉爸爸一个好消息，他有一门课考了60分，令人哭笑不得。但是，人大十八变，任平后来发奋努力，再加上他父亲后来的黄金搭档郑宝用的鞋底功夫，最终他如愿考上了中国科技大学。

当年，面对前途的抉择，任正非特别纠结，如果选择留在科研基地，虽然个人前途光明，可是对儿女来说是不负责任的，他会因此愧疚终生。

任正非决定带全家去基地参观，然后做出决定。到了基地后，任平还小，不懂事，漫山遍野地跑，觉得好玩。可是，稍大一些的任晚舟参观完后说："爸爸，这地方好荒凉啊。"听到女儿的话，任正非思绪万千，心里五味杂陈。而此时，孟军已经去了深圳，参与南油集团的筹备工作。

是去还是留？任正非经过了激烈的内心挣扎，再加上当时裁军是国家大方向，他最终选择了转业。

1983年，任正非离开了军队，踏上了深圳——全中国最有活力的这片热土。

第二章
中华有为

商人的终极目的是挣钱,企业家的终极目的是改变世界,这是二者最大的不同。

第二章　中华有为

就在任正非告别军旅生涯前几年，美国斯坦福大学的一对恋人结婚了，他们是计算机系的计算机中心主任莱昂纳德·波萨克（Leonard Bosack）和商学院的计算机中心主任桑蒂·勒纳（Sandy Lerner）。

两个人都是计算机高手，他们写情书的方式和普通人不一样，他们都是通过计算机语言来表达，通过计算机来传递，由于他们各自管理的网络不同，设备又是乱七八糟，什么厂家的、什么协议的都有，互不兼容，情书传递起来很不方便。

爱情的力量是伟大的，后来两人迸发灵感，干脆发明了一种能支持各种网络服务器、各种网络协议的路由器，这就是人类历史上第一台赫赫有名的"多协议路由器"。

有人说，没有这种多协议路由器，就不会有现在的互联网时代，也不会有现在的互联网世界，更不会有现在的互联网人类社会。

1984年，波萨克和勒纳成立了一家以"多协议路由器"为核心产品的科技公司，取名为思科。

此时的任正非已经转业，正在栖栖遑遑地试水商海，他不知道思科，他要到许多年以后才会遇到这个可怕的对手。

任正非转业的单位是南海石油集团，妻子孟军在这个公司身居高位，他报到后被分配到集团下属的一个二十多人的子公司去当副经理。

大头侃人：任正非

安稳平淡的生活从来都不是任正非渴望的，熟悉了一段时间，任正非就给南油集团的老总写了一封"军令状"，请求把南油旗下的一家公司交给他负责，未果。

又过了两年，任正非决定自己干出点儿成绩来，当时国内对于电视机的需求非常大，任正非决定从这个项目中打开缺口，他带着几个同事去谈一笔电视机贸易。

没料到，他遇到了一个天大的骗局，被居心不良的外贸公司轻易地骗走了200万元人民币。

大家想一想，20世纪80年代末、90年代初，"万元户"在中国很稀少。如果按当时内地城市人均月工资100元的水平来计算，这200万的购买力相当于现在的1亿多！

军人出身的任正非根本没料到商海如此险恶，他转业后一直觉得赚人家的钱是挺不好意思的事情。他天真地认为，自己给了对方货款，对方就应该按时交货，先把货款给对方也没什么不可以的，彼此之间应该信任嘛，但现实给他补了残酷的一课。

意识到被骗之后，任正非想尽办法要追回这200万，但讨债难如登天，南油集团的领导不管其中的艰难，他们觉得谁惹的祸谁担责。

无奈之下，任正非一边讨债，一边自学，他把所有的法律书读了一遍。从这些法律书中，任正非悟出来了市场经济的两个关键：一个是客户，另一个是货源，中间的交易保障就是法律。

任正非虽然因此了解了市场经济的精髓，但被骗这件事给他所在的单位造成了巨额损失，他在南海石油集团的职业生涯岌岌可危。不过，任正非不轻易认输，他咬紧牙关，追款追了一年，其中绝大部分被追回来了，减少了单位的损失。

第二章 中华有为

尽管任正非已经非常努力地补救，但他的职业生涯已经因此事被判了"死刑"——南油集团把他开除了。身为集团高管的孟军在这件事的处理过程中想必也经历了挣扎和煎熬，最终的结果是任正非伤心地离开了这个将自己弄得灰头土脸的地方。

远在贵州的任摩逊和程远昭两位老人知晓这个消息后，像遭受了晴天霹雳一般，好不容易，任正非在部队干上了团级干部，没想到刚一转业就差点儿呛死。

可怜天下父母心，两位老人不远千里赶到了深圳，希望能以亲情来化解儿子的忧愁、焦虑和恐惧。这样一来，任正非的小家变成了大家，一大家子人挤在十几平方米的小房子里，连做饭吃饭都只能在阳台上，任正非开始了上有老下有小的艰难生活。

很多年以后，孟晚舟在华为办的报纸上发表了一篇文章叫《风筝》，回忆了当时艰苦的环境：深圳是多雨地区，他们一家住在漏雨的屋子里，外面下大雨，家里下小雨，连隔壁邻居说话都听得见。

当年，为了节省花销，任摩逊从来不上街买香烟，只抽从贵州老家带来的劣质烟叶。程远昭为了买到最便宜的蔬菜、鱼虾，专门等菜市场快关门的时候才去。大家都知道，这个时候菜比较便宜，鱼虾死得也多，往往论堆处理。两位老人还说南方的鱼虾新鲜，就算是死的也比北方的新鲜，但任正非知道这是父母在宽慰他，这个时候，作为成年男人，他的内心是极为痛苦的，那种无力感撕裂了许多平常的日子。

一家人的生活非常拮据，两位老人也在拼命攒钱。攒钱干什么呢？就为了将来"救"任正非，在他们看来，儿子失去工作以后可能会"活"不下去。

大头侃人：任正非

后来程远昭车祸去世，任正非的妹妹告诉他，妈妈去世前两个月对她说："我存了几万块钱，留着以后救你非非哥，干买卖总不会永远都好，肯定会有碰到困难的时候，将来你哥哥遇到难处，这些钱可以拿给他，让他有吃饭的钱。"

可怜天下父母心，这位伟大母亲的心是多么善良和柔软。

就在这一年，任正非的家庭也出了状况。

他的妻子孟军转业以后，进入的是南海石油集团领导层，而他在南海集团下属企业干得一塌糊涂，再加上父母和弟弟妹妹与他们同住，算下来有十多个人住在十几平方米的房子里。不要说夫妻生活，估计他们俩连拉手的机会都没有，生活压力最终导致家庭解体，任正非和孟军十多年的婚姻走到尽头。当爱已成往事之后，两个人没有上演任何鸡飞狗跳的桥段，而是选择了一别两宽，各生欢喜。

任正非一共有过三次婚姻经历，除了孟军，后来任正非又先后结了两次婚，两任妻子分别叫姚凌和苏薇，她们都是任正非在华为的同事。

任正非经历了一道又一道人生滑坡，跌到人生的谷底。这个时候，他不仅要赡养父母、照顾子女，还要兼顾弟弟妹妹六人的生活，还得承担南油集团的一小部分债务，上有老下有小，后退无门，前行无路。

有人开玩笑说，人到中年不如狗。人在少年时都很勇猛，为了爱情，为了友情，为了轻飘飘的东西就敢以命相搏，但到了中年，一切都变了，人开始变怂了，挨老板骂不敢还嘴，甚至碰到小混混挑衅也不敢还手。你知道自己打得过，但是不能打，因为上有老下有小，老人在你面前变成了孩子，而孩子在你面前依然是孩子，你就是家里的

第二章 中华有为

顶梁柱，一旦倒下，这个家就垮了。深夜醒来，环顾四周，都是依靠自己的人，而自己毫无可依，这就是成年人宿命一样的孤独，当年任正非正是这样一个处境。

所以说，成长是一件很好的事情，也是一件很辛酸的事情。小时候我们经常骗爸妈说自己没钱了，等到了中年，我们却一脸笑嘻嘻地骗他们，说："没事，我还有钱呢。放心，你们该吃吃该喝喝，别担心。"

有篇文章写到，很多中年男人夜晚开车回家，到楼下并不立刻回家上楼，而是在车里安静地坐上一会儿，有的会静静地抽一支烟，有的会默默地发一阵呆，有的会悄悄流几行泪水……似乎只有那一刻，他才是他自己，不属于任何一个人，不属于任何一个组织，不需要面对任何一种压力。

舒婷有一首诗，名为《啊，母亲》，其中写道：

啊，母亲，
岁月的流水不也同样无情，
生怕记忆也一样褪色啊，
我怎敢轻易打开它的画屏？
为了一根刺我曾向你哭喊，
如今戴着荆冠，我不敢，
一声也不敢呻吟。

为什么不敢呻吟？就是怕父母见了难过，如同儿时父母从不向我们表露生活压力，怕我们难过一样。

按照电视剧的套路，主角一开始被虐得一塌糊涂，简直快活不下去了，往往这个时候会否极泰来，好运爆发。

然而，现实生活远没有那么浪漫，哪有爆发的能力，有的只是艰难的爬行，有的只是煎熬的挣扎，有的只是残存的勇气。

有时候，苦难的确是人生成长的开悟法门。国外有句谚语，"暗透了就可以看得见星光"，所以，当你跌到人生谷底时，不必太难过，上天自有安排。

中国先哲孟子有段话："天将降大任于斯人也，必先苦其心志，劳其筋骨，饿其体肤，空乏其身，行拂乱其所为，所以动心忍性，增益其所不能。"

苦难对弱者来说是万丈深渊，对强者来说却是财富。如果按这个诗意的说法，这一阶段的任正非简直就是亿万富翁。一个曾经豪情万丈、自信坚强的人混成这样，换作一般人，早就一蹶不振了，更何况"人过四十日过午"，还有什么反抗的勇气来战胜生活？举手投降吧。

但任正非在这种苦难中表现出了一种强大的爆发力，他骨子里是一个深刻的悲观主义者，但行动上确实是一个极端的乐观主义者，同时，他还是一个坚韧的理想主义者，他没有时间去悲伤，也没有时间去感慨，因为家庭的责任、事业的落魄让他没有时间痛苦，只有往前走，不能往后哪怕是一丝的回顾。

1987年10月，在深圳湾的两间简易房里，任正非和他的合伙人凑了2.1万元人民币，办了一家小公司，名字叫"华为"。

注册公司的时候，任正非也没想好公司要叫什么，抬眼恰好看到墙上"中华有为"这条标语，就拿来做了名字。华为应该做什么业务呢？其实任正非也不知道。就像联想刚成立的时候卖过滑冰鞋、背包，华为也是这样，业务根本不明确，什么赚钱干什么。

大家可能想象不到，华为刚开始的业务是卖养生保健的减肥药。任正非看到女生爱美，减肥产品应该大有市场。但这类产品最后卖得不好，我替任正非先生总结了一下——可能是公司没有李佳琦和薇娅这样的员工。

后来公司转向火灾报警器销售，结果销路也不太好，因为那时候人们普遍活得比较粗糙，感觉着了火拿水泼灭就行了，用什么火灾报警器？

那个时期的华为和国内无数小公司一样，根本不知道自己的明天在哪里，活下来是最高的目标，什么赚钱就干什么吧，所以，华为前期的业务也比较杂。

那时候华为人很少，无论是什么事情，任正非都要亲力亲为，进货得自己去背，从人家的仓库里背出去20米左右堆在那里，再倒头回去背另一堆……就这样一小段一小段路地挪，还要堆在看得见的地方，否则丢了怎么办？

任正非后来感慨说："那时候公共汽车的售票员都很好，允许我把货物搬上公共汽车。如果是今天的公共汽车，不允许搬运货物，那我们的创业可能就不能成功了。"

华为刚成立一年，就有10次差点儿倒闭。

这可把任正非逼急了，他说，活人的生意做不了，那就做死人的生意吧。所以华为有一阵就打算去卖墓碑。中国人向来有事死如事生的悠久传统，从帝王将相到平民百姓，对于身前身后事，都是十分重视的，当时买一块墓碑的坯料不过百元，但是在上面刻好字后，一转手就能卖三五百元，精雕细刻的还能卖到千元。

大头侃人：任正非

但是，任正非考虑再三，最终还是放弃了卖墓碑，毕竟他有凌云壮志，只是临时发生了"翻车"的事故。他有家国情怀，也有自己的理想，这些都是他在探路过程中的"启明星"，随时校准自己的人生行进路线。

现在人们想不到当时华为和任正非多么凄惨，中国的民营企业大都经历过这样的时刻，其中绝大多数是从泥沼中挣扎崛起的。万科卖过玉米，潘石屹烧过砖，"小马哥"马化腾更惨，他曾假扮小女生，在电脑旁边跟用户聊天，吸引他们注册QQ……

有句话说，"市场经济，英雄不问出处"，只要是做有利于社会和大众的事，做成了自然有人给你竖大拇指。

华为创立之初，公司曾搬到深圳南山南油工业区的一个7层高的破旧大楼的5楼，后面是一座叫亿利达的大厦。当时有家名为"深意压电"的中意合资公司用这一整栋大厦办公。

华为员工特别羡慕，说："我们在这儿上班，简直就是小舢板，人家那儿一看就是航空母舰，太气派了，什么时候我们才能有这么一栋大楼来办公呢？"

十年过后，这些老员工的愿望慢慢实现了，而那座亿利达大厦还是那个样子，一点儿都没有变。所以我很赞同一句话：**"努力很重要，但选择比努力更重要。"**

比如选女朋友，如果你特别喜欢贤惠温柔的女生，千万不要选一个如河东狮吼的女生，打算娶回家慢慢改造，这种"改造"注定是要失败的，一开始选对才是最佳之选。

当年华为就设在一个简易仓库里，但有梦想的团队会自带光芒，

第二章　中华有为

环境这么简陋，依然没有阻挡住任正非和同事们的热情，怀揣梦想的团队跟混日子的团队截然不同。

有一天，任正非发现了一个神奇的产品。这件事充分说明为什么在一定的前提下，选择比努力更重要，如果任正非复员后选择了内陆某个城市而不是深圳，他也许就不会有这个发现。任正非发现的神奇产品是什么呢？程控交换机。可能现在很多人都没经历过固话时代，世界上第一部电话于1876年诞生于美国贝尔实验室，一部固定电话要打通，核心设备就是交换机。它承担着所有的转接功能，好比整个电话网的大脑，连接各个终端用户的电话机。

一些老电影里会有这样的情景：某人拿起电话机来一阵猛摇，然后开口："喂，给我接308，我有一束花要送给她。"之后接线员会把一个插头插到308那条接线孔上，这样电话才能接通，然后308的姑娘送了他一个字：滚！

到了1965年，美国又研制出世界上第一部用计算机来控制的电话交换系统，叫程控交换机，这是电话交换机技术的一个重大突破。

和传统的机电式交换机相比，程控交换机速度特别快，语音更清晰，工作效率提高了上万倍，体积却只有原来的十分之一，很快成为发达国家电信的主流设备。到了20世纪80年代，电话在我国还没有普及，电话接续靠的还是传统的步进制、纵横制。

但是，此时国家正在以经济建设为中心，全国都在大兴土木，对电话的需求突然间比过去几十年都要迫切，当时我国还不能自主生产程控交换机，只能从国外引进，但西方又对中国限制了出口。

有一天，任正非看到一个朋友在做程控交换机的生意，他就跑过去了解。那个朋友一讲，上过大学又做过技术骨干的任正非一下子就明白了程控交换机的价值。

大头侃人：任正非

当时一台程控交换机能卖到多少钱呢？7.5万元。

北京中关村曾出现过一个风云人物叫许瑞洪，他有个公司叫华科公司，这个人脑子特别活，说："外国不向我们出口，我们自己干！"他将进口组件搬进了暑期学校的空教室，找了一帮大学生给他组装机器，他简单一培训，学生们就会了。

生产许可证？对不起，没有！组装完的交换机上贴个标签"华科100"，居然供不应求，可见当时市场需求有多么大。

一个暑假，许瑞洪主持装了500台连接到120个终端设备的120门小用户交换机。每台成本多少钱？2万元。卖多少钱？7.5万元。一个暑假赚多少钱？2000多万元！

如果80年代用2000多万元买北京的房子，现在会升值多少倍？恐怕这是一个能获得诺贝尔经济奖的问题。

任正非发现程控交换机买卖是个很好的商机后，决定立刻进军通信行业。这句话看着很牛，其实他所谓的"进军"，不过是倒买倒卖一下通信设备，中间赚一点儿差价。

华为初期主要是做程控交换机的代理，因为市场需求特别大，公司每天就是卸货、装货，慢慢地挣了点儿钱，员工也渐渐地增加到20人左右。在做业务的过程中，华为特别重视商誉，积累了良好的口碑。后来任正非由辽宁省农话处一位处长的介绍，联系到了香港的鸿年公司，想代理他们公司生产的交换机。

香港鸿年公司的老板梁琨吾是个非常谨慎的人，他没有立刻决定是否要与华为合作，而是派人考察华为的历史，并找很多人调查任正非个人的历史。当时任正非很生气，感觉鸿年这样做有些过分，疑神疑鬼的，不太尊重人。

鸿年经过详细的调查，认为任正非很值得信任，就授权华为做代理。梁琨吾对任正非说过一句话："广州仓库里有价值1亿的货物，你可以去提货。货物卖了以后，钱可以先周转一段时间，再还给我们。"

这个英雄惺惺相惜的承诺，解决了任正非当时最为忧心的资金周转的问题。就像雷军说的那样，站在风口上，猪都会飞起来。任正非拿到代理权后时来运转，卖得特别好，竟一度把鸿年公司的货卖断货！

这一年，任正非经过艰辛的探索，终于捉到了下海以来的第一条"大鱼"，通过程控交换机买卖赚了一大笔钱，年轻的华为终于度过了最危险的初创时期。

做过企业的人都知道，开始的时候最困难。就像发射火箭，第一节火箭最重要，如果失败，火箭就会立刻坠地。创业初期主要看创始人的推动力，能不能让公司活下来。度过一年的危险期，企业开始盈利，以后的发展方向就要看创始人的格局和视野。

在人间疾苦中摸爬滚打多年的任正非终于在代理程控交换机的新领域找到了成就感，挣到了一大笔钱，这时候一般人会选择再接再厉多代理一个品牌，或者说专心致志把这个品牌做好，但任正非有自己的想法。他想，交换机牌子那么杂，技术难度也没那么高，我们为什么不自己研发？

这时的华为刚有了一点儿盈利，摆在面前的是两条路：一条路是搞代理，这条路很容易走，风险低，并且之前已经挣到大钱了；另一条路是搞自主研发，这条路漫长又危险，投入大，风险高。

大头侃人：任正非

人习惯趋利避害，如果有人逆向而行，其间最见格局和视野。

任正非痛下决心：我们要自己研发，不能把中国的工业设计和研发完全交给外人，那样的话我们会始终处在整个产业链的最底端，任人宰割。

这就是华为区别于其他企业的血性和基因。从一开始它就是一棵大树的种子，只待风雨和时机到来，风雨一来，时机一到，它就会破土而出，成长为参天大树。商人的终极目的是挣钱，企业家的终极目的是改变世界，这是二者最大的不同。

珠穆朗玛峰是世界最高峰，登到峰顶的途径有两条：一条是走南坡，从尼泊尔境内攀登，这条路线上气候温和，坡度小，容易攀登；另外一条就是走我国境内的北坡，气候非常恶劣，笔直陡峭，堪称"死亡之谷"。

早在90年代，联想的柳传志就说过，在中国的IT界，华为和联想是两家完全不同的企业，华为崇尚技术，一直在攀爬珠穆朗玛峰陡峭险峻的北坡；而联想是从平缓的南坡向上，环合迂回，走的是贸工技的道路，最后也能爬上山顶：两家登顶的路径不同，但异曲同工。

其实两者并不是异曲同工，华为、联想虽然都爬上了珠穆朗玛峰，但是华为在珠穆朗玛峰上又做了一次发射，把自己发射进太空。

做研发是风险最高的选择，因为有可能耗费十几年、投入几十个亿最后都付之东流，但是任正非毅然决然，还是要自己搞研发。

华为的第一款产品叫BH01，这其实是一款从国营单位买散件回来自行组装的产品。

华为公司将散件买回，做包装，写说明书，然后打着华为的品牌，再到全国各地找自己产品的代理商进行销售。

由于华为公司的服务好，产品销售价格也偏低，第一款产品BH01在市场上供不应求，后来竟然出了一个令人啼笑皆非的"事故"：华为买的散件货源断了，华为收了客户的钱，却没有货可发。华为必须在最短的时间内在自主研发上取得突破，打造自己的产品供应链，实现自己控制生产，否则客户追上门来要货或退款，公司就会面临断流及关门的危险。

任正非指定莫军担任项目经理，照着BH01的电路和软件，进行自主知识产权的电路设计和软件开发，为了给客户延续性的印象，这次的型号叫BH03。

这一做法从客户的角度看没有太大区别，不过是换了一个漂亮的壳，但客户不知道的是这款交换机的"大脑"也变了，电路板设计和软件开发都是华为自己做的。

当时华为搞研发很是艰苦，工作人员把仓库拆分成单板、电源、总测、准备等几个工段，再加上库房和厨房。至于宿舍，就是单人床一字排开，还有一些用泡沫纸和纸箱铺的地铺，这就是所有员工和领导的宿舍，吃住都在这里，不知昼夜。有时候外面的人进来说下雨了，里面的人竟然不知道。

深圳夏天很热，当时华为没有空调，只有吊扇，交换机还会散热，所以大家都是一边挥汗如雨，一边设计电路板、话务台，焊电路板，编写软件，调试、修改再调试。他们累了就抽支烟，病了就吃点儿药，困了就趴在桌子上，或者躺在地方上睡一会儿，醒了接着干。

有的时候睡到半夜，突然来货了，大家就立刻起来卸货。南方蚊子特别多，有的员工就用套机柜的塑料包装把自己从头到脚包起来，

大头侃人：任正非

在脸上挖几个洞，这样既保证呼吸，又不怕蚊子咬。所以，华为起步之初，真的是"筚路蓝缕，以启山林"，非常艰苦。

吃苦不怕，最可怕的是没钱，之前买卖程控交换机赚到的那点儿钱一搞研发很快就烧没了。

产品做出来以后，连买测试设备的钱都没有，任正非他们就用土办法，拿放大镜一个一个地检查电路板上成千上万个焊点。碰到交换机的大话务量测试的时候，就把所有人叫到一起，每个人同时拿起两部话筒检查。

有的员工累得连眼角膜都脱落了，不得不住进医院。这种精神、意志、顽强便是华为最初创业的状态，我们就可以理解，华为后来的"以奋斗者为本"的理念不是无源之水。

华为出名以后，华为的"床垫文化"也跟着出了名。什么是床垫文化？就是每个员工都在办公室里放个床垫，白天干完活儿晚上接着干，累了就在床垫上休息一会儿。

当时的社会环境对民营企业相当恶劣，几乎就是任其自生自灭，还有不少法律上的灰色地带，成为吞噬企业的历史沼泽地。

那时候的人也特别有意思，华为这么高强度的工作，没有加班费，也没有补贴，甚至六个月发不出工资来，但那些人还是傻乎乎在这儿干，当然也有人"聪明地"走了。

一个公司没有钱就无法运转，最后任正非没办法，只好去向一些大企业借款，利息往往高达20%—30%，相当于高利贷。他用借来的钱给员工发工资，买了一些紧缺的设备，股东没有任何收益，还得不断掏钱来维持公司的运转。

第二章　中华有为

有一次，任正非站在办公室窗户旁边，对员工开了个玩笑："新产品研发要是不成功，你们可以换个工作，我呢，只能从这里跳下去。"大家听完都没有笑，因为他们都知道，这正是他们面对的残酷现实。

为了筹集资金，任正非甚至出台了一项内部政策，谁能给公司借来1000万元，谁就可以一年不上班，工资照发。后来成为华为风云人物的孙亚芳，便是此时帮助华为拉来了大笔资金，从而在华为崭露头角。

有时候，一些天才性的制度是被逼出来的，有些员工的工资实在欠得太多，公司就会跟他商量将这些钱转成股份，华为的全员持股是怎么来的？就是被残酷的现实逼出来的。

任正非说，他从1987年创办华为，直到2000年，整整十三年以后才偿清债务，所以创业之路真是不易。

然而，再多的困难也没有把华为人的精气神打掉。

任正非每天都在现场检查生产和开发进度，碰到什么困难就马上现场解决。遇到吃饭时间，任正非和公司领导就在大排档跟大家聚餐，久而久之，华为形成一种文化，公司聚餐只能由职务最高的人自费掏腰包请大家吃饭。

这是一个了不起的反向操作。为什么下属不能请吃饭呢？这是深圳那批创业者摸索出来的经验，如果下属经常请吃饭，很容易造成腐败和不公平。

经过艰苦的研发生涯，华为自主研发的交换机终于研发成功。

大头侃人：任正非

1991年12月，华为开发的BH03交换机完成了全部测试，电话能打出去，也能接进来，音质还不错，并且通过了当时邮电部的验收，取得了正式的入网许可证，首批三台价值数十万元的交换机发货出厂。

这个时候，华为所有的预付款已经全部用完了，账上也没钱了，再发不出货就要破产了。就在这个命悬一线的时刻，货终于发出去了。

12月31号，这一年的最后一天，华为全体员工在那个破办公楼里开了一场庆功会。他们自己做饭，煮个白菜，弄个土豆，来个辣椒炒肉之类的，隆重庆祝第一个有华为知识产权的品牌产品出厂。

这是华为破釜沉舟、背水一战的胜利，是华为崛起的最关键一步。

任正非第一个发言，他坐在用几张破桌子搭的简陋主席台上，两眼饱含深情，看着周围一个个衣衫褴褛，像逃难者的员工，看着那一张张年轻的面孔，突然说不出话来。最后他哽咽着说了一句："我们终于活了下来。"然后他就泪流满面，无法表达，两只手不断地在脸上抹着眼泪。这些年轻人看着台上那个和他们父亲同龄的人双手抹着眼泪，无不动容，一时间，台上台下泪流满面。

只有在华为的团队真正奋斗过的人才能体会到任正非眼泪的意义，一个中年男人和一帮年龄只有他一半的年轻人，一起奔波在市场的一线、生产的现场，为了企业的生存什么都干过，他为了企业的生存付出了一切，甚至以命相搏，才获得一线生机。

华为成功以后，很多人谣传，华为有这个背景那个背景，华为有这个人脉那个资源，就是不肯承认"奋斗出奇迹"这样一个基本事实。有时候，我想，我们民众对待我们的企业能不能更加热爱一点儿、理性一点儿？

第二章　中华有为

其实华为的诞生纯粹就是一个偶然，这个偶然的缔造者就是任正非。

当年为了纪念华为活下来，任正非特地跑到香港定制了100枚金牌，发给了公司最艰难时刻不离不弃的100名优秀员工。他还定制了一枚送给香港鸿年公司，感谢他们这么多年带给华为的利润和支持。

惊险归惊险，辛苦归辛苦，交换机确实挣钱了，1993年华为的销售额过亿。企业终于挣钱了，怎么办？分钱吧，大家辛苦这么多年，该享受了。

但任正非说，不，我们要挣的钱不止这一点儿，我们还要挣更多的钱、更大的钱，华为现在开发的是小体量的交换机，我们应该开发大体量的专业机，开发电信局能用的交换机，进军公用电话领域！

底下人一听都疯了："老大，你在开玩笑吧？大家那么辛苦挣了点儿钱，你竟然还要搞研发烧掉它们？"任正非说，不，我们这个行业竞争特别激烈，我们必须技高一筹、领先一步。底下又有人说："老大，我们这些人都是洗脚上岸的，哪有能力搞什么研发，我们工作的目的就是为了挣点儿钱，你再这样我们就不跟你干了。"

这些话对任正非是巨大的刺激，他发现华为的人才还是不够多，同道少，知音缺。

华为创业之初，任正非就开始四处搜罗人才。

当时华为和高校谈合作，通常谈着谈着就把对方的人挖过来了，并且挖过来的人在过年回家的时候还有任务指标，要挖几个前同事到华为来……

1992年的一天，任正非得知邮电部要在西安举办一个程控交换机学习班。这个培训班的规格很高，全国从事交换机开发的企业几乎都

大头侃人：任正非

会派技术骨干参加，于是他打起了学习班的主意。

别家公司派骨干去培训，目的只有一个，就是学习，而任正非派去的华为骨干除了学习，还有一个任务，那就是招人和"挖墙脚"。每当结束一天的学习回到宿舍，华为的精英们就活动起来，去各个宿舍与人"谈心"。

后来历任华为研发部经理、终端事业部总经理、华为山东分公司总经理、华为国际营销副总裁、华为高级副总裁等一系列要职，为华为发展立下汗马功劳的毛生江，正是在这次学习班上被游说来的。

大道至简。苹果的乔布斯说过，他花了半辈子时间才充分意识到人才的价值。他曾经在一次讲话中说："我过去常常认为一位出色的人才能顶两名平庸的员工，现在我认为能顶50名，一名好的设计师要比糟糕的设计师好上100倍甚至200倍……"

任正非很早就意识到了这个问题，他曾跑到华中科技大学、清华大学等高校，到处邀请老师、学生到华为参观访问，看双方能不能合作。

有一次，华中科技大学的一位教授带着他的研究生郭平到华为参观。

此时，郭平已经留校做了老师，但他并不想在学校里待一辈子，就喜欢到处晃悠。这次他跟着老师到华为一看，这个工厂真破，但是他跟任正非一交流，就被任正非的抱负、格局、境界折服了。

有时候职场经历跟谈恋爱是一样的，有的人一看就对眼了，认定这辈子就跟他/她了。当时郭平看到任正非也是这样，说这就是他以后的老板。也不知道任正非给郭平喝了什么"迷魂汤"，1988年，一个名校老师就这么急火火地"裸奔"到了华为。

第二章 中华有为

郭平是任正非指定的华为第二个自主研发项目的项目经理。这个项目就比较厉害了，原来的交换机是24门，现在华为研发的这个是48门，能带48个用户，叫HJD48，是一种小型的模拟空分式用户交换机。

有人开玩笑说，郭平来到华为最大的贡献不是研发这台机器，而是现身说法，把他的同学郑宝用也"忽悠"到华为。郑宝用到华为，在华为的历史上绝对值得铭记。

郑宝用是哪一位神仙哥哥？这个人很牛，学习成绩很好，从华中科技大学硕士研究生毕业以后考到了清华大学的博士，技术水平一流，大局观强，创新意识强，有战略头脑。

他被同学郭平忽悠到华为溜达了一圈之后，看到了任正非，同样立刻认定他就是自己以后的老板，决定留下来与华为共成长。博士学业怎么办？对不起！不上了。所以郑宝用是清华知名的辍学博士，当然，没拿到学位也不能称为博士。郑宝用这个人思维非常敏捷，为人随和，技术能力很强，所以大家都亲切地叫他"阿宝"。任正非安排郭平和郑宝用这对同学组合开始开发HJD48交换机。

这哥俩确实表现出了天才的一面，经过一番苦心研发，很快就开发出了48门的HJD48交换机。

这个产品研发出来以后，因为质优价廉，利润空间比较大，郑宝用就成了华为公司的副总经理兼总工，负责公司产品的战略规划和新产品开发。

这是华为第一位总工，后来就换人了，换作谁了呢？李一男，他的故事，我们后面再说。

郑宝用确实很厉害，他随后又带领研发人员相继开发出100门、200门、400门、500门的系列用户交换机，采用了光电电路和高集成

大头侃人：任正非

器件，后来被邮电部评为国产同类产品质量可靠用户机。这一系列产品的研发和销售，让华为的产值迅速攀升，利税也超过了1000万元，这让很多人大吃一惊。

20世纪90年代初，利税超过1000万元的企业不太多，很多人慕名投奔华为，华为的人员数量从最初的6个人增加到100多人，初步像一家公司了。

小试牛刀后，华为的"三军将士"就盼着再打胜仗，任正非的干劲也更足了，他觉得华为目前只能满足现实生活的需要，如果着眼于未来，还要再开发新的产品。

很快，他就注意了局用程控交换机。

当时，局用程控交换机实用价值最高，技术含量最高，投入的经费也是最多的。局用程控交换机不但可以用于单位内部交流，还能打长途。20世纪90年代初，局用程控交换机只在美国、日本和欧洲一些发达国家使用，中国没有。

任正非说，既然中国没有，我们就把它造出来。有人开玩笑说，这个难度有点儿像清代詹天佑要修京张铁路。

于是团队内部又出现了一些舆论，说："老大，我们产品卖得好好的，千万不要再冒险了，我们就喜欢老婆孩子热炕头。你都不知道，老大，最近咱们深圳干什么最挣钱吗？炒股，炒房地产！"

之所以有人这样说，是因为邓小平南方谈话以后，深圳经济进入了快速增长阶段，上千亿的房地产资金飞向南方几个地区，海南800亿元，北海300亿元，惠州150亿元，迅速掀起了一场热炒狂潮，到处开工要建房，房子还没有盖，甚至只有一张图纸就进行转让。这样的项目转让了一手、二手、三手。负责开发的人还没有炒作的人赚钱快，开发的人可能赚500元一平方米，炒作的人一下可以赚1000—2000元一平方米。

但任正非说："不行，华为要做一个世界级领先的电信设备提供商，我可以断言，十年之后，世界通信行业三分天下，华为有其一！"

说真的，这时任正非也拿不准，他深知搞研发是找死，不搞研发是等死，在这个行当里，你没有停下来的机会，要么被淘汰，要么往前走，没有中间道路可选。

1991年，解放军信息工程学院信息技术研究所所长邬江兴主持研制出了HJD04万门程控数字交换机（可惜直到几年后才被巨龙实现量产），1992年，侯为贵的中兴通讯研制出了ZX500A农话端局数字交换机。随后，深圳长虹通信设备公司也研制出了2000门数字交换机。一路狂奔的巨龙和中兴将成为华为的强劲对手，华为如果故步自封，很快就会被它们远远抛在身后。华为艰难选择的时刻，其实也是华为一飞冲天的决胜时机。

1992年，任正非带着一队人马去美国考察。这是他走出国门看世界的第一步。

到了美国，任正非的感受很不一样，美国的汽车坐起来比较舒服，路修得比较好，楼也高。任正非想起日本明治维新的时候，前往考察的几个日本大臣到美国以后用了六个字来形容他们的感受：始惊，次醉，终狂。意思是，刚开始感到很惊讶，后来就迷醉和陶醉、钦佩，最后狂，很兴奋，觉得日本大有可为。

任正非的感触是，中国与美国的国土面积相当，但我们大山荒漠的面积较大，平原不如美国多，加上教育水平较低，文化素质较低，

大头侃人：任正非

双方在整个科技发展上差距不小。他参观完IBM公司以后，就想向IBM学习。他去了纽约的中央公园，又感到很震惊，原本他以为里面肯定会有很多工厂，结果进去一看，那就是一个公园。他又跑到自然博物馆参观了一两个小时，连一个角落都没有看完，里面陈列的各种珍奇的精品和古今文物让他大开眼界。特别是到了圣克拉拉市，他发现这是一个电子产业城，有着美国大部分的电子科技和其他尖端技术的研发中心及科研总部。由于软实力强大，加利福尼亚州的GDP总量竟然为"世界第八"。

任正非在归国的飞机上心潮澎湃，久久不能平静。越繁荣就越发展科技，越发展科技，越重视教育，就越是人才辈出，越是人才辈出，经济就越繁荣，在他看来，美国走进了一个良性循环，这样的美国才会经久不衰。

后来任正非多次带队到美国学习，这种自觉地和美国企业对标，无意中为后来华为赢得和思科的诉讼奠定了基础。

这次美国之行，任正非还看到了美国电话电报公司（AT&T）最先进的AT&T 5号机，坚定了任正非的决心。以此为样本，华为开始研发属于华为的产品。

局用交换机的研制意味着华为必须在技术上有更令人惊喜的突破，这对任正非而言是一个巨大的挑战。在市场关系上，华为也必须"另起炉灶"，实现战略布局的全面更新换代。同时，在局用交换机领域有着实力更为强劲的竞争对手，这对年轻的华为来说更是严峻的考验。

任正非是军人出身，个性刚毅果敢，不怕困难。既然锁定了程控交换机，他就不但要研发出中国自有知识产权的程控交换机，还要实现这种先进产品的局用化。为此，他放出狠话："研发成功，我们都有

第二章　中华有为

发展；研发失败，我只有从楼上跳出去。"

任正非决定背水一战。好在郑宝用这些技术骨干认为任正非的思考是对的，选择跟任正非绑在一辆战车上。郑宝用临危受命，带领十几个研发人员打起了攻坚战。郑宝用果然不负众望。他在局用交换机的研发伊始就批判性地汲取了传统交换机研发的战略思维，运用模拟空分的技术路线，率先开发出以此为先导的局用交换机。这种所谓的模拟空分局用交换机，被华为命名为JK1000。

所以，做企业也好，做其他任何事情都好，我们都会面临两个选择：一个是最容易的，另一个是最难的。就像钱锺书在《围城》里所说，吃葡萄有两种吃法：第一种是从最好的一颗吃起，这样每次吃到的都是剩余里最好的那一颗；另外一种吃法是从最差的那一颗吃起，但是越吃越甜，越吃越好吃。

我认为，第一种吃法，吃着吃着人就会绝望，因为吃到的越来越差，后一种吃法，人会感觉越来越好。

《圣经》里面也有一句话，大意是，你们要走窄门，不要走宽门。为什么？因为门宽，去的人也多，最终大多会走向灭亡，只有少数人去的窄门才可能通往永生。

以色列是科技强国，以色列的妈妈教育孩子，如果将来要下河，一定记得逆流走，不要顺流走。为什么？顺流走是最容易的，但是99%的人都跟你一样，走到最后，竞争特别激烈；逆流走，走到最后会发现，因为走的人特别少，反而更容易成功。

华为和任正非，还有他的技术团队，就选择了逆流而上，选择了走窄门。

第三章

飞渡

这是华为芯片事业的起点,也是华为海思的前身。华为鼎鼎有名的麒麟芯片,追根溯源的话,就在这里。

第三章　飞渡

美国之行坚定了任正非自主研发的决心，在郑宝用的带领下，华为又通过各种途径招到了两个冒尖的年轻骨干——徐文伟和王文胜。

这两个人左青龙右白虎，一个搞硬件，另一个搞软件，非常厉害，他们经过长时间的艰苦研发，JK1000于1993年年初宣告成功，并在同年5月取得了邮电部的入网证书。

这个入网证书代表什么？它标志着华为打通了和邮电局合作的市场通道，打开了国内局用市场的大门，具有里程碑意义。从产业链角度来讲，华为走向了上游，终于摆脱了产业链下游被动的命运。

1993年7月，江西省乐安县邮电局的公溪支局成了第一个吃螃蟹的用户，正式开通了JK1000局用机。随后华为又先后与国内多家邮电机构建立了合作关系。

但是创业永远没有终点站，华为人刚要坐下来好好喘口气时，排山倒海的打击到来了。原因很简单，华为过去干的都是小买卖，遇到的竞争对手不过是小生意人，但是进了局用市场，情况就完全不一样了。

局用交换机领域的竞争对手是世界上有名的通信巨头，如美国的AT&T、日本的富士通、法国的阿尔卡特、瑞典的爱立信等，都不是好惹的主。

这些国际通信巨头拥有自己的核心技术，在全世界的员工几十万

大头侃人：任正非

名，年销售额上百亿甚至数百亿美元，对比一下，华为有多大实力呢？大概就一个多亿人民币，竞争对手要比华为强几百倍。

这些国际通信巨头眼中的中国，就是一片待开垦的处女地、一块肥肉，他们在中国赚得盆满钵溢。不过，这些国际通信巨头的弱点是产品信号不统一，不兼容，当时有人用了一个词形容这种状况，叫作"七国八制乱中华"，这给华为的崛起留下了空间。

但华为要想在技术上赶超国际通信巨头依然困难重重，因为对方技术先进也就罢了，更可怕的是这些国际通信巨头的营销手段也很"先进"，出手非常阔绰。

比如美国公司的销售人员上门跑业务，说："张科长，您看技术演示完了，但是不亲眼见，您不知道设备实际运行的情况，这样，我们邀请您下个月去我们美国总部参观一下。"美国公司的销售人员刚走，法国公司的销售人员也来了，邀请张科长去法国的阿尔卡特总部。紧接着，日本公司的销售人员也来了，还是一样的说法。

这个套路非常有用。那时候很少有人出国，对外面的世界充满了好奇，所以《北京人在纽约》这部电视剧特别火。在出国的诱惑下，张科长难免会打自己的小九九：给公家办事得尽心尽力，得眼见为实，自己要是不亲眼看到，怎么能放心呢？所以自己下个月飞趟美国，再下个月去一趟阿尔卡特，再下下个月飞一趟日本东京吧。

这些国际通信巨头确实不是吃素的，他们潜移默化地给邮电局负责业务合作的领导灌输了一个理念：通信网络建设要一步到位，省得中间再转型升级。像买车一样，你先买便宜适用的小品牌车，过两年还得换，那不如直接买大品牌车。他们建议邮电局再买设备就直接用光缆，买他们的数字程控机，一步到位，干脆淘汰模拟空分技术。

第三章　飞渡

大家别忘了，此时华为的最高技术标准的产品JK1000就是空分交换机。这一招直接打中了华为的要害。模拟空分技术是当时流行的技术标准，就连日本这种发达国家也有三分之一的市场在使用这个技术，可是讲这些是没有用的。

这时华为的处境非常尴尬，产品开发出来了，却卖不出去！卖不出去，任正非就得跳楼，这次对华为来说又是背水一战，不能坐以待毙。任正非想了个主意，我们也要发出自己的声音，不能让那帮人瞎忽悠。

于是华为多次请邮电局的人到公司举办技术讨论会，说"一步到不了位""综合到位要量力而行"，应该综合考虑，先上华为的JK1000，2000年后再换数字程控交换机。有的邮电局很有钱，毫不犹豫，一步到位了，剩下那些钱少的邮电局就慢慢跟华为合作了。

费了九牛二虎之力，1993年，任正非把JK1000卖出了200多套。是好消息，对吗？事实上，这对华为来说是个很糟糕的消息。为什么？因为用户变了。过去的用户都是小体量用户，出点儿故障停一两个小时没问题，但现在用户是邮电局，邮电局的信号停一两个小时，那就是一场事故。

当时邮电部有个规定，不论哪个地方的邮电局，只要电信网中断两个小时，不论什么原因，局长自动免职。

华为JK1000最大的问题是防雷技术不行，经常遭雷劈。这件事说起来特别搞笑，外面一打雷，JK1000在机房里就着火，就跟说好了似的，害得几个跟华为关系比较好的邮电局局长都下课了。更尴尬的是，华为的宣传部门刚在报纸上登广告说华为的交换机能防雷击，这边就收到客户的投诉，说刚刚打雷了，交换机着火了，啪啪地实力打脸。

大头侃人：任正非

俗话说"好事不出门，坏事传千里"，华为JK1000使用过程中出现的问题，逐渐被行业内人士所共知。

任正非一看这样下去不行，所有的邮电局局长都下课了，谁还敢用华为的产品？实际上1993年底，"一步到位"这个思路在全国城市范围内取得了完胜，空分交换机没人要了，JK1000还没来得及改进就被淘汰，所有的投入几乎全部付诸东流，华为又一次站在生死关头。

老话说，福祸相依，好事变坏事，坏事也可能变好事。在推广JK1000的过程中，华为还是有收获的。因为价格低廉，JK1000大部分用在了农话领域，也就是在农村地区以及一部分县城，这些地区的线路很差，调试设备很难，维护成本很高，所以国外的通信设备厂商不愿意进，华为就无意间走上了一条"农村包围城市"的道路。

华为组织了技术队伍力量，走乡串户，给用户们装电话做维修。对比之下，国外的设备厂商无论如何都做不到组织一支"装机小分队"奔走于中国广袤的农村和艰苦的偏远山区，这也成为华为战胜国外设备的一项"独门绝技"。

任正非对装机队有个要求："在外面就是华为公司的代表，一定要让用户对华为公司留下良好的印象，言行举止都要体现华为的风范。"员工的形象就是华为的形象，所以华为的工作人员衣着都非常规范，这叫作"实力不够，服务来凑"。

1993—1994年，华为的装机团队不辞辛苦，走遍大江南北，那些接触到华为员工的人就觉得华为人很靠谱、接地气，不管是塞外高原还是边防海岛，不管是山区小镇还是革命老区，哪儿都有华为人的影子。他们这种吃苦的精神逐渐赢得了用户的信赖和好评，大家普遍评价说华为的设备很一般，但是华为的服务和守候确实让人大开眼界。

第三章 飞渡

在华为之前，国外的通信设备厂商都非常傲慢，客户要改个东西，"对不起，不能改"；客户让给汉化一下，"对不起，我们不能汉化"。

但华为不一样，华为以省为单位建中心，每个县、市、区都有一个维护人员，即使不买华为的机器也不要紧，华为的一些技术培训可以免费听。更重要的是，华为在每个站点都建立了备件中心，客户有什么重大问题，站点可以马上发备件，即使用户没买华为的机器，华为站点也可以发备件相助。

在华为推出电信局用设备前，网上运行的主要是国外厂家的设备，这些设备在软件升级、设备备件以及维护等服务上收费高昂。而华为表示，只要用户用的是华为的设备，不管时间多久，华为全部免费提供软件升级服务。

一句话：客户第一，不能让客户受损失。就这样，华为慢慢在国内建立了29个办事处，设立了技术支援中心和备件中心，各分支机构通过各种数据专线互联；同时，客户问题管理系统、培训认证系统、客户信息系统、备件管理系统、经验案例系统等技术支持管理系统也趋于完善，给予客户服务以有效的IT支撑，可以及时响应客户的需求。所以后来"服务好"已经成为客户选择华为的一个重要理由。

JK1000出师不利让研发团队积累了很多教训，在实践中逐渐了解和学会了掌握市场规律，而不是简单地做市场关系或推出一个自己认为先进合适的产品。

"市场不相信眼泪！""理想再好，止步于竞争对手！"这是年轻的华为和年轻的华为人从这个失败的产品上得到的首个教训，让他们意识到技术升级换代的重要性。

华为再也没有侥幸心理，也不再做"临时抱佛脚"的事，任正非

大头侃人：任正非

专门组织了优秀的研发骨干成立相应的部门，时刻追踪最新的技术发展成果做产品规划，并有过之而无不及地也采取了类似于国外公司的策略进行"拉动式"市场推广，也就是开发一代、储备一代、推出一代，向客户介绍的时候，介绍的是华为最先进的技术，但给客户用的是现在主流的技术，让客户意识到华为的技术一直在升级。比如说宣传5G，实际上是为了卖4G，这叫作高举高打。国外的竞争对手没想到，他们这一手这么快就被华为学到了。

越来越多的客户感觉华为不但服务好，技术实力也年年攀升，是一家有着长期规划，可以长期发展的合作伙伴。这样一来，华为不但跟国内的同行拉开了距离，跟国外同行的差距也在慢慢缩小。

总结来说，华为自主研发这一两年来有成有败。HJD48确实赚了很多钱，但JK1000又赔了很多钱，冰火两重天。大家开玩笑说，搞研发就像赌博，赌对了全世界都是你的，赌输了你是全世界的。

这种体验对任正非来说刻骨铭心，但他清醒地知道，不进则退，不生则死。

20世纪80年代末，上海有一家生产纵横制交换设备的工厂，年产量高达30万线，客户要通过各种关系才能买到这家工厂的产品。岂料仅仅过了一年，行情突变，纵横制技术被淘汰，这个厂销售量马上萎缩到不足1万线，工厂很快就倒闭了。

所以有人说，通信行业看起来高大上，其实跟卖海鲜没什么区别。早晨进了一筐海鲜，到了傍晚没卖出去，这些海鲜就是白菜价了。通信公司也是这样，上一年看着烈火烹油、繁花似锦，赢利几个亿，下一年可能就会门前冷落车马稀，要清盘关门了，现实就是这么残酷。

华为也是如此，当年如果不能尽快推出数字程控交换机，也将面

第三章 飞渡

临着市场急剧萎缩甚至被清盘关门的命运。所以,当一些朋友说要去创业时,我都会苦笑一声——不要轻易去创业,因为创业维艰,在任何时代,创业都是九死一生的选择。

从任正非身上就看出来了,他时刻没有喘息。

1992年华为的财务状况还不错,这一年也是深圳房地产发展最快的一年,大家都知道,只要在房地产或者股市下点儿本钱就能大赚一笔。JK1000失败后,华为还剩下一点儿钱,但任正非并没有把这些钱投在房地产或者股市上,反而孤注一掷,把全部资金押到C&C08数字程控交换机的研发上,这是最后一搏,生死存亡在此一举。

在本书序言中,我曾讲过小泽征尔先生跪着听《二泉映月》的故事,我当时说过我要抱着极度虔诚的心去讲任正非这个人,当然不是真的找个蒲垫跪在那里讲,而是说,他的这种执着是中国企业转型时期最为稀缺和宝贵的中国企业家精神。

为什么呢?因为任正非进入通信行业以后,从来没有看哪个门道赚钱容易就转向哪里,而是一条道走到黑。那些年里,诱惑那么多,但华为始终不碰房地产,不论房地产多么繁花似锦,利润多么丰厚,华为始终不碰。

2000年,深圳房地产发展得很快,曾有人向任正非建议:"随便要点儿地盖盖房子,就能轻松实现100亿利润。"任正非一口就回绝了:"挣完了大钱,就不愿意再回来挣小钱了。"

2010年后,华为周边开始建新城,又有部下向任正非建议:"随便要点儿地盖盖房子,就能轻松赚取100亿。"任正非一听,拍桌子吼道:

大头侃人：任正非

"华为不做房地产这件事早有定论，谁再提，谁下岗！"从此，再也没人敢跟他提房地产。

在我看来，这是定力，中国的企业界缺少这种有定力的企业家。 我认为，在中国企业界，这种企业家，除了任正非，还有董明珠女士。她曾说："我不做房地产，我们制造业不应该去碰房地产，那是机会主义。做房地产赚钱太快了，赚钱太多了，可是挣到钱有什么好处呢？大家发现炒房那么容易，谁还来干实业？连傻子都能挣钱，这是什么导向？这不是让全社会都去炒房吗？"

结果董明珠慷慨激昂地一讲完，格力集团就成立了地产公司，因为董明珠是格力电器的领导，而不是格力集团的领导。

三十年风雨路途，机会无穷多，中途做房地产可以暴发，任正非不做；中途做互联网可以暴发，任正非也不做；中途做资本运作可以暴发，任正非还是不做。他从不为那些诱惑所动："华为就是一只大乌龟，二十多年来，只知爬呀爬，全然没看见路两旁的鲜花，不被各种所谓的风口所左右，只傻傻地走自己的路。"

正因为任正非始终坚守"只做通信"，不为两岸的花香所动，"力出一孔，利出一孔"，华为才成了今天的华为。

不碰房地产，富贵于我如浮云，这不是清高，而是一种清流，是一种理想主义、一种清醒，甚至是一种反抗、一种勇敢。

华为成功后，很多人去采访任正非，任正非说他们当时不懂事，误打误撞上了通信设备这条贼船，后来想下下不去了，如果知道后来有那么多苦难，他们死活都不干这个，宁可去养猪。

猪很听话，猪的进步很慢，而通信的进步速度太快，我累得

第三章　飞渡

跑不动了。但不努力往前跑就是破产，我们没有什么退路，只有坚持到现在。那个时候错误地以为通信产业大，好干，就稀里糊涂地进去了。后来才知道通信最难干，它的产品太标准了，对小公司来说很残酷。

那时和我们同样傻走上通信行业的公司有几千家、上万家，也许他们早就认识到他们的傻，所以转到别的行业成功了。但是我们退不出来了，因为一开业一点钱都没有了。退出来我们什么钱都没有了，生活怎么过，小孩怎么养活？退出来，再去养猪的话，没钱买小猪，没钱买猪饲料，所以只好硬着头皮在通信行业前行。

就在JK1000失败不久，华为招兵买马，把所有的资金一把压上，开始开发数字程控交换机C&C08。这次老天眷顾，华为的数字程控交换机开发算是有惊无险。华为的技术人员越来越成熟，再加上任正非从小的经历让他养成了一种对失败非常淡薄甚至说大度和宽容的心态，他觉得失败很正常，成功了才不正常。

因此，即使在最艰难的时刻，任正非也没有放弃对研发的追求，反而像赌博一样加大投入。有人开玩笑说，华为就像不死鸟，每次都转危为安，化险为夷，那帮年轻人也对华为忠心耿耿，满怀热情，这是怎么做到的？是因为任正非特别信任他们，关键时刻也敢让他们放手一搏。

研发数字程控交换机这一年，华为面临的困难其实挺大。与JK1000相比，C&C08的研发就需要用到华为自我研发的芯片了，自研芯片是降低成本最关键的环节，自家有了"芯"，底气就足，海量出货的交换机和接入网产品不仅集成度更高，价格还敢比竞争对手低上一

大头侃人：任正非

大截。但华为对于数字程控技术压根就没有积累，需要拉起队伍从零做起。

研发是要烧钱的，这是个天大的问题。IBM在20世纪90年代一年研发投入60亿美元，贝尔实验室一年大概投入30亿美元。这个行业就是这么简单、粗暴，玩家必须要有钱，烧钱不是万能的，不烧钱是万万不能的。知识产权都是真金白银烧出来的，这一切都要任正非咬牙死扛。

早在1991年，华为就成立了自己的ASIC设计中心，专门负责设计专用集成电路，大家都是硬着头皮现学现卖，技术问题终日不断。每天晚上9点，任正非都会提着一个大篮子，装着面包和牛奶，前来劳军。

天佑华为，一次流片成功！所谓流片，就是"试生产"，先生产几片、几十片供测试用，因为数量少，所以成本很高。一次流片成功，这在当时并不是大概率事件。

20世纪90年代，"流片"的价格不菲，一次性的工程费用就要几万美元。现在看几万美元不是什么大钱，可是那时候有外汇管制，外汇稀缺，对任正非来说，那真是左思右想才痛下决心拍板花出去的。

当时大家都说，如果那次流片失败，几万美元打了水漂，后果难以想象。一方面，吃饭的产品没有了差异化竞争力，就会卷入无休止的价格战；另一方面，新产品的研发要采购境外的器件和设备，需要大量美元。即便任正非初衷依旧，也未必还有能力去研发新产品，也就没有今天的华为了。

第三章 飞渡

这是华为历史上最惊险也是最惊艳的一次"飞渡",九死一生,华为这次幸运地成功了。

就这样,1991年,华为首个具备自有知识产权的专用集成芯片诞生了。这是华为芯片事业的起点,也是华为海思的前身,华为鼎鼎有名的麒麟芯片,追根溯源的话,就在这里。

就在这一年,远在万里之外的大洋彼岸,思科公司聘请了一位叫钱伯斯的全球高级副总裁,此人主管思科的全球销售和运营,他上一份工作是在王安电脑公司担任北美区总裁,四年后,钱伯斯升任思科公司的首席执行官,成为华为在全球范围内最有力的对手。

在研发C&C08机型的这段时间里,华为的资金渐渐耗尽,不得不拖欠工资,很多员工都辞职了,每天都有新员工进来,每天也有老员工离去。每过一两个月,华为就搬一次办公室,办公室越搬越小,员工拿到这个月的工资不知道下一个月工资什么时候发,他们讨论最多的是华为哪一天破产、拖欠的工资还能不能拿到。

所以华为发年终奖的时候,很多人拿了年终奖第一件事就是辞职。尽管当时华为账上没有太多钱,但是绝不拖欠辞职人员的工资和奖金,这一点对当时稳定人心起到了很大的作用。

员工辞职的第二个原因是当时的大环境不太好。像华为这样的民营企业不受重视,也没有户口指标,只有少数几个核心人员有深圳户口,大部分华为员工每年都要回老家办暂住证。当时深圳查得很严,经常有警察和保安半夜敲门查暂住证,没证的人直接就被抓走遣返了,后来华为的副总裁毛生江也被抓过。

如果有哪位员工没来上班,大家就会说,可能是被抓去扛木头了(对东莞樟木头这一地名的联想)。那时候,负责人事的曾信富主要任

大头侃人：任正非

务就是天天去派出所捞人，说："这个人是我们的员工，对不住，我们要把他带走上班去了。"后来很多员工学"聪明"了，想睡懒觉时，就干脆打个电话说自己被警察抓走了，其实是在宿舍睡觉。

辞职的第三个原因是安全问题。那时候华为租的房子条件很差，都是民房，晚上回去一摸，空调遥控器不见了。好不容易找到空调遥控器，一摁，空调没有反应，屋子里还是热。出去一看，空调压缩机被人偷走了……这还不要紧，有的时候刚研发出一款新机器，结果第二天一看，小偷偷走了。

大环境不好，但是华为的理想，这种奋斗、孤注一掷的热情和豪情，让很多员工着迷，对艰苦视而不见，觉得碰到这种老板也很稀罕，华为公司创造的让大家能安心做事业、做技术的环境，迷住了一批又一批人。

但销售部门的人就不这么想了，做销售的人心思活络，说："老板，咱们还是回到老路上去吧，卖咱们那个JK1000，走一步是一步，你研发这个多危险。"结果任正非严词拒绝，不为所动。

C&C08研发的进度迟缓，好在市场部门比较给力，C&C08还没研发完就被卖出去了，买家是浙江义乌邮电局，原计划1993年5月或6月开局，结果却一拖再拖，一向不拘小节的任正非好像一下老了十岁。

项目经理毛生江每天看到当时任软件经理的刘平都要嘟囔一句："再不出去开局，老板要杀了我。"10月，项目组人员在公司实在待不住了，测试没有完成，就将第一台C&C08 2000门交换机搬到浙江义乌开局，整个研发团队也跟着过去，以防万一。

果然，第一台C&C08非常不稳定，经常断线、死机，打不通电话，

第三章 飞渡

有时候电话打到一半突然中断，或者干脆就串线，什么问题都出过。

义乌开局是华为数字程控交换机第一单，华为上上下下都很重视，总工郑宝用亲临现场指挥，常驻现场，不走了。任正非也不远千里来到义乌，陪大家一块儿加班，吃住都在一起。看到这个局面，所有人都明白，华为已经没有任何退路，破釜沉舟，成败在此一举。

但心急吃不了热豆腐，研发就是这么磨人，义乌各方面的条件比不上华为公司研发部，交换机只有一台，又要测试，又要调试，时间特别紧张，工作人员只好24小时两班倒。华为艰苦奋斗的文化，从这时候就已经开始了。

他们住在一家旅店里，时间久了，旅店老板就很蒙，华为员工早晨6点走进来，这些人是出去上班还是刚刚下班回来呢？

义乌的冬天很冷，因为淮河以南没有暖气，基本上是零下几摄氏度，机房里没有取暖设备，又不能生火，很多工程师没办法，就袜子穿两层，夹克衫也穿两层，多喝热水——就像很多男生劝女生一样，多喝开水。有时候电水壶坏了，大伙儿连一杯热水都喝不上。有些人顶不住，在机房地板上一躺，睡个15分钟再起来干活。

即使这样，任正非整个团队也没有放弃，逢山开路，遇水架桥，经过他们艰苦不懈的努力，义乌这个版本慢慢稳定下来，总算能交差了。这个"义乌版本"在华为发展历史上乃至中国通信产业史上都具有特别的意义。

当时用这台机器的义乌邮电局佛堂支局，局长叫丁剑峰，提过很多开发要求，华为都一一满足。后来，丁剑峰被华为感动了，特别支持华为。他发现，华为做事情玩命一般，敢于以命相搏，虽然这帮人像游击队员一样，衣衫褴褛，吃住条件艰苦，但他们的精神让人心生敬意。

大头侃人：任正非

丁剑峰用专业的眼光，对C&C08给出了积极的评价：

我们以前安装的是上海贝尔公司生产的1240交换机。贝尔的同志早就说要开发每板16个用户的用户板，但直到目前还没有推出。想不到你们公司这么快就推出来了，而且工艺水平这么高，你们是走在了前面。

终端采用全中文菜单方式，支持鼠标操作，并设计有热键帮助系统。界面清晰美观，操作方便，简单易学，使得操作员们免去了培训之辛苦，也减少了误操作的可能性，他们十分高兴。

终端软件的安全性考虑十分充分。

计费可靠性强，准确率高。

维护测试及话务统计功能丰富而实用。

……

丁剑峰拿出佛堂支局自酿的酒——青柴滚，这是江南的一种甜酒——招待那些雪夜里睡在电信机房加班加点的华为年轻人，当时所有参与开局的华为员工都清晰地记得，喝着青柴滚，流下的是滚滚热泪。

通过义乌开局，华为展现出了两个特点：一是超前的技术眼光和研发实力，二是华为员工的不要命精神，以命相搏。因为对华为人来说，只能成功，不许失败，成功了就是万丈平原，失败了就是万丈悬崖。

尽管丁剑峰评价这么高，但任正非很清醒："交换机的优化工作要持续八年，要不断地接收用户的反馈信息，不断地改进我们的交换机，使它长期居于最先进交换设备的行列。"结果真让他说准了，这个版本真是优化了八年。

在这个过程中，任正非请来了德国最优秀的设计师，来设计C&C08的机架、机柜，做好了外观的工业设计。支持远端用户的功能在C&C08后续的版本中陆续实现。

而在优化八年后，C&C08 2000门交换机的后代开始雄霸天下，成为使用最先进技术的世界级交换机！应该说，C&C08系列交换机是华为真正的王牌产品，实现了对国内同类产品的吊打、与国外产品的同步。

这真是一个惊心动魄、百转千回的故事，让每个参与其中的人都胆战心惊，但又与有荣焉。他们开玩笑说："我们在华为参与研发过很多其他产品，离开华为后也参与过自主产品的研发，但其刺激和惊险程度都无法和C&C08数字程控交换机的研发相提并论。"

这支由29岁的总工程师郑宝用及平均年龄25岁、最小年龄19岁的工程师队伍组成的研发"游击队"，当时毫无经验，也无可借鉴之处，全是凭一时之勇，冲出去一搏，用"前无古人，后有来者"来形容也毫不夸张。

对华为来说，这是一个里程碑产品，公司后来的绝大多数技术领袖都出自这个项目；对中国的通信产业来说，同样如是，其载入了中国通信史史册，从此，华为才真正在通信行业站稳了脚跟。

华为团队怀抱着我们先辈世代繁荣的梦想，背负着中华民族振兴的希望，紧跟世界最先进的技术，在实践中接受了全国广大用户的考评，不断满足通信网络的各种使用需求，达到了世界先进的水平，我

大头侃人：任正非

们需要郑重其事地向所有为C&C08数字程控交换机开局奋斗过，以及为中国通信产业做出努力的所有人员表示我们深切的敬意，其中包括华为和它的用户，大家相互成就，造就了华为后来的传奇。

就在华为上上下下沉浸在C&C08 2000门机成功的喜悦中时，任正非的眼光又投向了更高更远处。这一次他看上了万门机的研发，因为当时国内有一个团队做出了更高的万门机。

喜悦还没有退去，任正非找到了郑宝用，说："你来挂帅，让我们的产品继续走在世界前列，要远远地甩开巨头们的围追堵截。如果真有那一天的话就大快人心，你是功臣。"郑宝用拍着胸脯说："我办事您放心。"

不过郑宝用回部门一说这些，大伙蒙圈了："我们刚打了一场血仗，怎么也得马放南山，休息一下吧，怎么又玩更大的？我们的主要产品都在农村和乡镇，一个局的用户不过几千人，万门机根本用不着，开发出来也卖不出去啊。"

郑宝用一直很相信任正非的眼光，说："大家不要担心，我们只管开发，开发出来之后我保证能卖10台！"大家一听，真的吗，那也挺有赚头。郑宝用说："要是卖不到，到时候我个人掏腰包买10台！"

后来所有人都没想到，这个万门机卖了不止10台，而是卖了几十万台，成为国内公用电话通信网络的主流交换机，成为华为非常经典的一个产品！

郑宝用知道一切都在于人才，所以他不断地搜罗更优秀的人才到华为。有一天他看到几个研究生过来实习，其中有一个戴着眼镜，瘦瘦弱弱，长得跟豆芽似的，看上去像个中学生。他就很怀疑，华为好赖是正规的大公司，怎么能用童工呢？他就把他叫过来："来来来，你初中毕业了吗？"这个小伙说："你问我初中毕业没毕业？我马上研究生毕业了。"

原来这个人是华中科技大学少年班的学生，15岁上大学，进入华为实习的时候正读研，刚刚21岁。郑宝用大吃一惊，原来他是小师弟。这一聊不要紧，这个学弟别看长得像豆芽，但思路特别开阔，绝对是个人才。所以郑宝用就向任正非力荐这个小师弟。

任正非说，好，是骡子是马，拉出去遛遛。结果这一遛，遛出来一个技术天才，可以说，没有他就没有华为后来的辉煌，他给华为的发展创造了澎湃不绝的动力。

这个豆芽少年就是李一男。

李一男在华为创造了一个神话，迄今无人打破：两天升任工程师，半个月升任主任工程师，半年升任中央研究部副总经理，两年被提拔为华为公司总工程师兼中央研究部总裁，27岁当上了华为公司的副总裁，人称"华为太子"。

任正非对李一男视若己出，以"干儿子"称之，公司上上下下都认为"华为太子"李一男将来一定会接任正非的班。

出乎所有人意料的是，后来李一男竟然跟华为恩断义绝，最后甚至不惜与外资联手，共同对付自己的老东家。可以说，李一男与华为的深情和恩怨是华为历史上浓墨重彩的一章。

李一男这个人高在哪里？为华为做了哪些贡献？为什么后来跟华为反目成仇？后面我会慢慢讲到。

第四章

天才憾事

李一男对于华为有多重要?我用一句话就可以形容:一个李一男,半部华为史。

第四章　天才憾事

李一男对于华为有多重要？我用一句话就可以形容：**一个李一男，半部华为史**。

李一男是华中理工大学（华中科技大学）第一届少年班出身。什么叫少年班？很多年轻人不太了解。

改革开放初期，海外的很多知名华人学者纷纷到北京访问，其中就有诺贝尔奖得主李政道，他得到了邓小平的亲切接见。邓小平问李政道，中国的孩子怎样才能像他一样得诺贝尔奖。

李政道回答说，中国的国球乒乓球为什么在世界上打得那么好？就是因为中国的小朋友从五六岁开始，满大街地打乒乓球。乒乓球要从娃娃抓起，教育和科学同样要从娃娃抓起。我们可以在全国选拔一部分天才少年，到大学接受超常的教育，这样的话，我们的诺贝尔奖指日可待。

这就是少年班的由来。

应该说李政道先生的出发点是好的，虽然教育有自己的规律，和乒乓球这种体能项目不是完全一样的，这些少年班的学生中到目前为止没有获得诺贝尔奖的，但这个倡议改变了一批人的一生。这些人里，就包括李一男。

大头侃人：任正非

1978年，少年班在中国科技大学诞生。微软原中国区总裁张亚勤、百度董事长特别助理马东敏、谷歌中国创始人之一郭去疾，都出身于中国科技大学少年班。当时，其他学校一看，中国的天才少年不能被中国科技大学一家给"垄断"了，他们也要开办。1985年1月，教育部决定，继中国科技大学之后，在北京大学、清华大学、北京师范大学、吉林大学、西安交通大学等12所全国重点高校开办少年班，扩大试点。

据公开的资料，华中理工大学少年班的选拔标准非常高：第一，智商要在130左右；第二，德、智、体全面发展；第三，年龄在15周岁以下的初高中在校学生。

1985年6月，23名天才少年从全国各地进入了华中理工大学，李一男就是其中一位。

李一男进华中理工大学只有15岁。15岁本是上初中的年龄，许多同龄人连衣服都不会洗，饭也不会做，独立生活的能力差，所以学校对这批学生特别关照，安排他们跟博士生同住一楼，一个宿舍就两个人。学校还专门给他们配置了洗衣机，设置了专用的图书室，甚至有的学生有家长陪读。

当时，李一男的室友叫吴雅楠，他们俩睡上下铺。他们的卧谈会，从力学到光学，从电磁学到电动力学，从量子力学到广义相对论，从麦克斯韦方程组到薛定谔的猫，从凝聚态到量子计算……两个人无所不谈。

他们的导师张端明，是当时物理界的一位大家。按照预期，少年班这些小孩的人生轨迹应该是这样的：上少年班，考研究生，考博士研究生，最后在学校做研究，就像他们的导师张端明一样。但是李一男的人生剧本偏离了这个桥段和套路，这要感谢一个人——他们的辅

第四章 天才憾事

导员宋文芝。

宋文芝从1987年到1997年十年间，一直担任华中科技大学少年班的辅导教师，她觉得这些小孩子来到学校不容易，自己要像妈妈一样去照顾他们，无论是学习上还是生活上，甚至包括经济上。宋文芝老师头脑很活，她专门去那些大企业拉赞助，说服他们给少年班提供奖学金，好让这些孩子能有更好的学习和生活条件。

宋文芝老师的思路很像美国大学的校长，很多美国大学校长的第一任务就是向成功的企业家、校友募捐，为学生创造更好的学习条件。宋文芝老师为少年班拉来了很多赞助，其中出手最大方的就是华为，这部分缘于任正非的教育情怀，在企业最艰难的时候，任正非都没有在教育上小气过。

所以，你看，人不能小气，你出手大方，老天自会帮你。

从宋文芝老师开始，华为跟华中理工大学发生了奇妙的化学反应，一茬又一茬的华科人才被输送到华为，李一男是其中对华为贡献最大的一个。

1992年，李一男听宋老师说华为这个企业不错，他们有一个理念，叫作"不让雷锋吃亏"。李一男一听，很感兴趣："不让雷锋吃亏？那我去了肯定也不吃亏。"

就这样，李一男单枪匹马杀进了华为，见到了郑宝用。所以圈内有个说法，华科是华为的娘家，华为是华科的东家。

就在李一男见到郑宝用这一年，孟晚舟也进入了华为。这一年，孟晚舟21岁，刚刚从华中理工大学毕业。最初几年，孟晚舟和三个女孩子承担了华为总机转接和文件打印等行政工作，非常琐碎和辛苦，那时候，没有人知道她的身份。

孟晚舟的故事，要等到二十五年后才在全球广为流传，使她成为焦点人物。

当初郑宝用一看到李一男，觉得他长得跟豆芽似的，但是一与他交流，就觉得他不得了，完全是个黑豆芽，看上去磕碜，营养却十分丰富。第二天，李一男就升为工程师了，从此开启了火箭式的晋升模式，半个月升为主任工程师，再后来当上华为的总工，27岁当上了副总裁。这是华为最伟大的地方，对于人才，华为给予最高礼遇，绝不会出现怀才不遇青丝变白发的憾事。

在华为内部，任正非有时把李一男直接称为"干儿子"，有人对李一男火箭式的蹿升速度不理解，说："李一男凭什么？"我想说的是，他凭的是自己的天才构想和执行能力。

我们说过，C&C08是华为的标志性产品，事关华为的生死存亡，它在华为历史上相当重要。重要到什么程度呢？一个产品培养了一大批高级干部，其中包括华为的三个常务副总裁、三任中央研究部总裁（李一男、洪天峰、费敏）、两个高级副总裁（黄耀旭、张顺茂）、一个执行副总裁（刘平）。

并且，华为以这个产品为技术平台，在上面搭建了后期所有的产品和服务，包括传输、移动、智能、光网络、数据通信等，这款交换机在全球连接了数以亿计的电话终端，是华为历史上最成功、最经典的一款产品。

李一男正式加入华为的时候，C&C08已经研发成功，但是任正非依然不满意，他跟郑宝用说："这个是2000门的，宝宝（他管郑宝用叫

第四章 天才憾事

'宝宝'），你能不能做一个万门的交换机，来升级一下这个2000门的C&C08？"

郑宝用说，没问题。

就这样，风云际会，郑宝用和李一男这对师兄弟走到了历史的风口浪尖。

说话容易做事难，郑宝用拍着胸脯打下了保票，结果发现自己掉进了坑里，研发进展非常不顺利。有些研发人员觉得，实在不行就学一学上海贝尔的S1240和日本富士通的交换机，进展会快一点儿，可以解华为财务上的燃眉之急。

但任正非要求华为有自主知识产权，以科学的制高点为目标，不能抄袭别人。

这时候，李一男提出了一个折中方案，说："我们到国外搬救兵，在万门机研发中采取中体西用的设计路线。"大家一听，这不就是骑墙派嘛，有什么高明的。但是让郑宝用和研发小组成员对李一男刮目相看的是，他提到了一种新的Multibus总线技术。这个技术出自美国英特尔公司，把这种标准速度最快的总线技术移植到华为机器上，必然会给万门机的研发带来意想不到的好处。

郑宝用虽然是李一男的领导，但当时还很年轻，只比李一男大六岁，两人都是年轻人，想法非常前卫大胆，他说："哎哟，李一男，你这个想法真是太好了，我之前怎么没有想到呢？马上干。"于是他们马上以华为研究部的名义，拿出20万美元，订购了万门机研制过程中需要的开发板和相关设备。

猜一猜结果怎么样？他们成功了吗？没有，失败了。科研就是这样，从一个好的想法变成一个好的产品，中间要经历无数的坎坷。

大头侃人：任正非

因为急于追求结果，加上总线技术不是华为的，比较陌生，所以，经过几个月的苦战，万门机的研发草草收场，白白浪费了20万美元。1993年，20万美元是什么概念？合100多万元人民币，小200万，被李一男一把挥霍光了。

当时李一男一接电话就胆战心惊的，生怕是财务或者老板任正非叫他。

华为之所以是华为，任正非之所以是任正非，在这一点上就能看出很大的不同。

当时任正非自己都快跳楼了，但他还是拍着李一男的肩膀，说："研发有成有败很正常，不要沮丧，继续搞。"想一想为什么头狼难当，哪怕眼前已经是万丈悬崖，还是回过头来微笑着跟兄弟们说："前面一马平川，跟我来。"

郑宝用一看这摊子马上就要砸了，赶紧想办法。他人缘特别好，没架子，善于社交，就跟合作厂商说："你看你这个东西我们也没搞成，公司亏得太厉害，能不能收个成本价？"经过他多方斡旋，华为的损失降到了20万元人民币。

这给了华为喘息之机，为华为的东山再起保留了元气。而初出茅庐的李一男在第一阶段就碰了钉子，差点儿给华为造成致命打击。事后李一男很感动，因为任正非和郑宝用都对他说："研发有成有败，我们不以一时的成败来论英雄。"

所以有人总结，华为的企业文化精髓不在于百战百胜，而在于战局不利的情况下，培养出风险抗拒能力和团队团结能力。

很多年前，华为有句话广泛流传于社会：**"败者拼死相救，胜者举杯相庆。"**

第四章 天才憾事

这种优秀的企业文化，正是华为至今能在全球市场如鱼得水的重要原因。

老话说，在哪里跌倒，就在哪里趴一会儿，什么时候趴累了就起来。郑宝用和李一男他们俩在那儿趴了好多天，后来想这事儿还是得干，就开始想到底出了哪些问题。他们俩就琢磨，可能是哪个总线或者哪个地方出了问题。

有一天，聊天的时候，李一男突然眼前一亮，说："师哥，咱们为什么不利用我们的光电专业，用光纤把多个模块连接在一起呢？"

正所谓"踏破铁鞋无觅处，得来全不费工夫"，李一男这么一说，郑宝用的眼睛立刻亮了，他说："好小子，你怎么想到的，这个点子太绝了。"这两个天才的想法一下就燃烧了，照亮了华为研发的黑夜，中国通信史上的光纤时代因此就要到来了。

郑宝用和李一男很快启动了光纤研发项目，万门机的研发迅速进入第二阶段。之后是不是就好一点儿了？依然不好，科研就是这么难。

李一男经过深入研究发现，即使是美国这样的科技大国，所掌握的光纤技术也不是很成熟，在万门机的配置中，最适合的只有美国AT&T的5号交换机，当时没有一种现成的技术可以用到华为的产品上。

这时，李一男想出了一种天才的办法，他正式提出采用另外一种准SDH技术（同步数字体系，诞生于贝尔实验室）。当时，准SDH技术是通信领域一种比较先进的光纤传输技术，至今已经是一种成熟、标准的技术，广泛应用于通信传输网络。当年华为采用准SDH技术是一项创举，不仅在中国，在国际上都是最先进的。

大头侃人：任正非

1994年，华为万门机的研发，在郑宝用、李一男和刘平三人的通力合作下，已经接近成功，到了最后的联调时刻。

就在这个关键时刻，世界杯足球赛在美国拉开了帷幕，很多研发员工都是球迷，大家晚上偷偷看球，白天工作时就老睡觉，影响了万门机的研发工作。

正在给研发人员保驾护航的任正非看到这个情况，觉得堵不如疏，与其禁止他们看，影响情绪，不如换个方法。任正非说："这样，你们每天加班加到凌晨3点，接着看世界杯的转播，第二天睡到中午再上班，行不行？"

这本是朝三暮四、朝四暮三的套路，但是得到了员工的一致拥护，说："老板，你太英明了。"就在这种众志成城的氛围之下，万门机终于研发出来。

这一次，他们的样机在客户那里能得到肯定吗？

江苏邳州是见证华为奇迹的地方。

邳州古称下邳，是汉初张良遇到黄石公的地方，1992年撤县建市，但是那时候还属于国际通信巨头看不上的边远地区，华为却不嫌弃——蚊子腿也是肉啊。

这是华为凭借技术第一次杀回城市，意味着"农村包围城市"的战略渐入佳境。

邳州邮电局当时面临一个问题，那一阵装电话的特别多，邮电局想给交换机扩容，但是用户太多，上海贝尔的S1240交换机带不动。贝尔这种外企对客户的需求响应速度特别慢，一来二去，邳州邮电局耽误了整整一年，局长承受了很大压力。

很多人把钱交上了，电话却死活装不上，就骂邮电局是粮食局，

第四章　天才憾事

只知道吃粮食。

华为万门机的到来让邳州邮电局多了一个选择，但他们很担心华为的万门机断信号，毕竟华为这款产品从来没有在城市部署过。邮电局领导很是犹豫，说："贝尔都干不了的事情，你们能干得了吗？如果华为重蹈覆辙的话，我这个乌纱帽真不用要了。"

华为的人说："没事，领导，你不用担心。我们先不要钱，万门机就放在这儿，你试用一下。要是行你就要，不行我们就搬走。"邮电局领导说："我得把贝尔叫来试一下，你们两家同台打擂，哪家好我就用哪家的。"

华为这边说："没问题，我们光脚的就不怕穿鞋的，来吧。"

结果华为这帮小伙子乘兴而来，败兴而归，在跟贝尔交手的第一个回合就被打下了马。贝尔的产品外形大气，华美规范，一看就是国际大厂的产品。华为的产品颜值太低了，一看就很土，机柜矮小，颜色灰暗，机架松软，经常放那儿就倒。再加上电路开发板极不稳定，动不动就出故障，信号一团糟，长途电话根本打不出去，只能打市话。所以，不比不知道，一比吓一跳，人比人该死，货比货该扔啊。

任正非特别着急，万门机凝聚了华为全体人的心血、寄托和未来，他不断派技术最高端的人来处理这个紧急问题，把中继板、中继线的关键部位都进行了更换，都没能解决联络信号差的根本问题。

李一男也尽了，他对刘平说："我可能干不下去了，以后你接着干。"

这时候，总部又派了一个后台项目经理，叫余厚林，他的到来改变了局势。

大头侃人：任正非

余厚林的强项是接线能力，他到现场一看，说："你们这些人！知道为什么我们的交换机不能发挥出全部功能吗？你们把线接错了！"

高手出马，一个顶俩，余厚林把线重新接了一遍，结果长途电话都打出去了。人啊，有时候会犯一些低级错误，看看李一男、郑宝用这些技术天才只是在核心技术上下功夫，就没想到问题竟然出在接线这么一个低级错误上。

说到低级错误，我讲一个小故事。我原来一个同事跟着市领导去采访，等要采访的时候，他拼命往办公室打电话："机器出大故障了，黑屏啊，整个看不到人。"

这次采访比较重要，办公室赶紧派一个老记者赶到现场。结果一看，恨不得把这哥们儿抽死：他一紧张忘把摄像机的镜头盖拿下来了，当然是黑屏的。

解决了接地线的问题，又逐一解决之后涌现的问题，华为的万门机终于发挥了应有的功能，将贝尔远远甩在了后面。邳州邮电局的领导特别高兴，困扰他们一年的问题得到了解决。就这样，华为的邳州之战告捷。

任正非特别兴奋，回到深圳，说："十年以后，华为要跟AT&T、阿尔卡特三足鼎立，我们华为要三分天下有其一！"大家心里暗说，老板，你吹牛的姿势真帅。

后来，C&C08万门程控交换机通过了广东省邮电局的测试鉴定，1995年初通过了国家邮电部的生产定型鉴定，又在1997年拿到了国家科技进步二等奖。

应该说，华为这一次走在了前列，在全球都是领先者，对标当时的思科等国际厂商，一点儿都不逊色。

第四章　天才憾事

1995年，中央政府提出了"村村通"计划，邮电系统作为先锋项目，要实现农村每个村通电话。这个计划给华为的发展提供了宝贵契机。李一男等人研发的万门程控交换机成为华为"农村包围城市"的拳头产品，前前后后拿到了13亿人民币的订单！

李一男凭借这个项目，从项目经理一举升到交换机产品线的总经理，一个月之后升任华为执行副总裁，意不意外？

李一男在华为，有的是信任，有的是挑战，有的是机遇，有的是分享胜利的喜悦。毫不夸张地说，C&C08万门程控交换机的成功研发，一举奠定了李一男在华为乃至在中国通信领域的地位，所以我在本章开头说"一个李一男，半部华为史"。

由于李一男的突出贡献，华为破例把当年应该分给李一男的100万元奖金转成李一男持有的100万华为股票。这是什么概念？这意味着李一男迅速进入了华为最核心的圈子，他的股份在华为仅次于任正非和郑宝用几个元老。

李一男在华为积累的奖金转为股本，后来成为他离职创业的资金来源，这是后话。

一战成功、一举成名的李一男信心爆棚，这一年，在遥远的大洋彼岸，和李一男同样春风得意的还有另外一个男人——钱伯斯，他顺利地升任思科全球首席执行官，带领思科进入新时代的快车道。

1996年年中，华为执行副总裁李一男根据市场需求，把多媒体业务部分成三个部门——多媒体业务部、传输业务部、数据通信业务部，刘启武、黄耀旭、刘平三个人分别担任这三个部门的总监。

在李一男的带领下，传输业务部1997年传输销售达1亿元，1998

大头侃人：任正非

年达10亿元，成为华为的第二个黄金产品。同时为了配合技术上的突飞猛进，华为开展了声势浩大的内部创业。

在外界看来，这种做法非常简单粗暴，销售部所有的干部就地下岗，就地竞争上岗，一举淘汰了那些不适应形势的销售型老人，但销售线和技术线也终于匹配起来。这次内部竞争上岗特别成功，所以华为在2000年又搞了一次，却遭到了非常可怕的失败。

今年用这种方法做得很好，明年再用这种方法可能就会很惨淡，有的时候，人是被自己的成功经验打垮的。

1996年，李一男去广州跟广东电信新业务发展部做技术交流。时任新业务发展部主任的陈嫦娟说，你们华为既然有这个技术能力，不妨开发一些大容量的接入服务器，这个市场缺口比较大。

李一男说："可以啊，但是开发完之后谁要呢？"陈嫦娟说："我们要，实在不行，我们共同开发。"

就这样，华为与广东电信局成立了合作项目组，共同开发了一款接入服务器，名字叫A8010。

这是国内第一个成功自主研发的接入服务器，各方领导都很重视，时任邮电部科技司司长的闻库受邀主持这个产品的鉴定会，广东电信局局长也参加了。华为一看这个产品挺好，就以3000万元的价格买断了。

3000万在当时是大数目，所以广东电信局很高兴，双方都很满意。直到2019年底，华为在全球服务器市场的占有率超过6%，稳居前列。

1995—1996年，广东的有钱人开始玩一个东西，叫大哥大，就是手持电话。大哥大，现在来看很老土，但当时绝对像外星人的装备，谁拿着大哥大，就代表谁是大款、有钱人，在街上回头率绝对百分之百。

第四章 天才憾事

一部大哥大卖几万块钱，华为看了眼红心动，想开发移动电话，到处去调研。移动公司的人说："哎哟，这个GSM（全球移动通信系统）哪还有机会啊。GSM是移动的全球通技术，人家这个地盘都占完了，马上就要3G了，你们还不如去研究3G。"

李一男说："净忽悠我们，没有GSM哪有3G啊。"

李一男铁了心要做GSM项目，他从东方通信公司挖来了技术大拿刘江峰，刘江峰带着自己的团队出走到华为。1997年，第一代华为GSM系统在实验室研制成功，能在实验室里打通电话，这是中国第一个具备自主知识产权的GSM系统。

而直到十二年后的2008年，国际电信联盟正式公布第三代移动通信标准，中国国内才发3G牌照，3G市场才真正启动，可见李一男的眼光之精准。

这个时候华为也有钱了，在移动通信领域拥有博士研究生和高级工程师组成的240多位科研人员，到了1998年，又扩展到500人，华为前前后后投了将近两亿元的研发费用。GSM系统是李一男押注未来的一个产品，但是在产品方向上，他和郑宝用发生了一些冲突，我到后面再讲。

在李一男主导下，1997—1998年，华为的主要研发精力全部压在GSM技术上，一波三折，所以做企业真是不容易。

1998年，李一男跟着任正非去美国考察，李一男发现高端路由器市场非常大。这是未来互联网的骨干设备，全球只有思科、华为等少数几家公司才拥有相关技术。回国之后，李一男就主持上马了高端路由器，并且研发成功，取名"NetEngine"。

近年来，华为高端路由器在全球的市场份额牢牢位于前列。要知道，美国在电信领域始终对中国企业是封闭的，所以，除去美国这个市场，华为还能位居前列，非常不容易。高端路由器是李一男主持的另外一个黄金产品。

就在李一男主持研发NetEngine的这一年，孟晚舟从行政转岗到财务，开始从事财务工作，依然默默无闻，跟李一男没法比。

当时，李一男已经是华为副总裁，有点儿少年名满天下的架势。

前面讲李一男坚持要做GSM项目，跟师兄郑宝用产生了技术研发方面的分歧。这时郑宝用已经不是李一男的领导了，他们俩都是副总裁。郑宝用认为华为应该研究CDMA，CDMA是美国的技术，美国作为未来通信产业领导者，通信产业网络会以CDMA为主，所以中国也会采用这种国际通行的技术标准来搭建通信网络。

但李一男以及一部分华为领导不这么认为，李一男说："我们不能做CDMA的原因，一是高通占据了CDMA的技术专利高地，我们没有办法突破高通的专利封锁。相比之下，GSM没有专利限制，开发风险非常小。"

事实确实如此，二十年后，高通依然是CDMA的霸主，所有的手机企业都要给高通交纳通信技术方面的专利费。

李一男又说："第二个原因是中美的政治因素会制约国内通信网络的标准选择。中美关系时好时坏，万一坏了呢，我们国家可能就不会再采用美国的技术标准。"

应该说李一男这个观点富有远见（到3G、4G时代，中国果然颁发了兼顾GSM/CDMA的三张通信牌照），也得到了当时华为一些领导的支持。郑宝用说："我们在华为，从贤不从众。既然你认定GSM是未来

第四章 天才憾事

技术方向,那么我们就做这个方向。"

后来,这哥俩又碰到一件事,再次发生分歧。在微蜂窝无线设备方面,李一男看中了欧洲制式的DECT数字增强无绳通信系统,但郑宝用倾向于日本制式的PHS,也就是个人手持式的电话系统,认为这是未来固定网络的补充和延伸。

李一男说:"我觉得欧洲的DECT是未来的方向,日本的PHS是过渡技术,从长远来看没有前景,3G才是我们的未来。"郑宝用说:"那行,我们从贤不从众。"

就这样,华为先后放弃了CDMA和日本的PHS技术,但这种放弃付出的代价非常高昂。客观来讲,看郑宝用和李一男的分歧,谁对谁错要看站在哪个角度,从长远来看,李一男无疑是正确的,但从短期来看,郑宝用是正确的。有时候做企业就是这样,从未来来看,这个技术很好,问题是这个企业不一定能活到那一天。

1998—2002年,GSM技术在中国蓬勃发展,当时中国移动每年都有几百亿的大单,但是基本上都被爱立信、摩托罗拉、诺基亚这些外国公司包揽了。华为尽管有自己的GSM产品,但还不够成熟,国内的电信商都不用,那些鼓噪说华为有什么背景的人可以休矣。

更要命的是,西方电信巨头已经开始注意到华为了。

这些国际巨头在农村固话市场被"巨大中华"——巨龙、大唐、华为、中兴——这四家公司打得落花流水,所以他们只要发现华为和中兴研发出某款产品,就联合进行大幅降价,而如果中国没有这种产品,他们就继续卖高价。

他们千方百计地阻挡华为和中兴中标,当时广东移动的一个GSM

大头侃人：任正非

扩容，订单就上百亿元，但是华为一毛钱都抢不着。李一男主张的GSM，方向是对了，眼下却是颗粒无收，让人着急。那么，郑宝用说的CDMA技术呢？中国联通用的就是CDMA技术，华为没有这方面的技术和产品，依然颗粒无收。

移动颗粒无收，联通也颗粒无收，在电信总会有收获吧？没想到，华为在电信领域也是颗粒无收。

郑宝用看中的日本PHS技术，后来在国内有个很有名的产品，叫"小灵通"。年龄稍微大一点儿的人都知道"小灵通"，"小灵通"在1998年到2005年间非常火。

1997年，杭州市余杭邮电局局长徐福新到日本考察时发现了PHS技术，他觉得这个技术在国内一定会受欢迎。他回国后做了汇报，领导也非常感兴趣。

PHS即Personal Handy-phone System，意为个人手持电话系统，采用微蜂窝通信技术，通过微蜂窝基站实现无线覆盖，将无线市话手机以无线的方式接入本地电话网，使传统意义上的固定电话不再固定在某个位置，可在无线网络覆盖范围内自由移动使用。这就是当年的"小灵通"。"小灵通"的优势是辐射小，绿色环保，最重要的是资费跟固话价格差不多。

对于"小灵通"技术，当时华为的高层也颇为心动，但任正非的态度是，这不过是短暂的赚钱机会，华为是一家"为未来投资"的企业，宁可赔死，也不去做过时的技术。

确实，由于技术本身的落后性，"小灵通"的信号始终无法实现一定速度条件下的稳定通话，比如坐公交车时要跨越多个通信基站，通话动不动就会断。当时有用户调侃"小灵通"："手持小灵通，傲立风

第四章 天才憾事

雨中，昂首又挺胸，就是打不通。"

虽然任正非的决策并不能服众，但华为当时还是放弃了"小灵通"业务。可是任正非没想到，这项过时的技术仅仅凭借超低的话费就吸引了数量庞大的中国消费者，到2004年年底，"小灵通"用户已超过6000万。相比花费偏高，信号差一些是完全可以容忍的。

你不做，有人做。任正非否决了"小灵通"项目，一家叫作UT斯达康的新公司却凭借"小灵通"迅速获得了巨大的成功。

UT斯达康成立于1995年，公司总部位于美国硅谷。这家公司有一个很有名的投资人，叫薛蛮子，大家都很熟悉，他集投资案例和桃色新闻于一身，在追踪最热的空气币项目变现之后，终于鱼归深渊，渐不复闻矣。

2000—2002年，因为"小灵通"的迅速走热，UT斯达康公开披露的财报平均利润率是324%！UT斯达康异军突起，打算以"小灵通"的高利润作为基础，捆绑销售软交换、光网络和无线产品，伺机抢占华为的地盘。

而任正非宣布放弃"小灵通"项目几天后，大他三岁的侯为贵就宣布，中兴今后市场主攻产品就是"小灵通"。2003年，中兴年销售额达到251亿元，其中"小灵通"业务收入约占1/3，而华为年销售额为317亿元，二者仅仅相差66亿元！

UT斯达康和中兴赚得眉开眼笑，只剩下任正非在那里默默地品尝着苦果，这是一直奉行"以客户为中心"的任正非的一个重大失误。

直到2003年，华为管理层决心对任正非的误判进行纠正，华为才开始进入"小灵通"市场。在接下来的三年里，华为在"小灵通"市

大头侃人：任正非

场的占有率逐渐上升，"小灵通"的价格迅速下滑，风光一时的UT斯达康和中兴遭受重创，终结了"小灵通"的暴利神话。

总结华为2000年前后这几年，真是内忧外患，风雨飘摇，没产品的时候很危险，有了产品但是压错方向了，而研发GSM烧钱太凶悍了，几亿元扔进去，像打水漂一样，连个声响都听不见。

很快，华为的资金链断裂了，欠员工钱，欠客户钱。这时候的华为真是步步惊心，再一次站在生死关头。

塞翁失马，焉知非福，华为在国内的困顿，反倒无意间成就了华为的全球化道路。产品在国内卖不出去，那只能向国外卖。可是国外通信市场早已被那些大公司占领了，怎么打开缺口？任正非指示，还是"农村城市包围"的路线，我们去更落后的地方，我们去亚非拉！

1996年，任正非"下狠心"，把大量的优秀销售人员——会英语的和不会英语的、愿意去的和不愿意去的，往海外扔，而且决不妥协，只有"去"和"不去降级"这两条路。1999年，华为终于在越南和老挝中标，这是华为第一个海外单子。

这时，距离华为"大航海"已经过了三年，华为人在海外苦苦坚持了三年。

这些年国际上一直有一个猜测，包括美国政府，认为华为跟中国政府的关系特别密切。如果他们了解华为的历史，就不会说这样的话了。他们只看到了华为的高光时刻，没有看到当年华为几度艰难求生，险死还生的至暗时刻。

这些年移动、联通、电信上千亿元规模的招标，华为颗粒无收，

第四章 天才憾事

如果华为真有那么强的政府关系，那些订单还能会落入爱立信、摩托罗拉、诺基亚这些外资企业之手？

事实上，华为跟政府的关系并不密切。国家能源局原局长张国宝，曾经陪着朱镕基总理去华为视察。朱镕基总理对华为搞自主研发、占领技术制高点特别欣慰，主动提出要给华为3亿元贷款。任正非表示了感谢。等总理回到北京，部长们想落实总理指示的时候，任正非却拒绝了。

还有一次，深圳市的一个副市长去华为拜访，问任正非是否需要政府帮助。副市长上门了，如果任正非有心的话，就该先请人吃个饭，好好说说自己的企业有哪些困难，搞点儿政府的创投企业基金，弄些无息贷款之类的。但是任正非的回答让人大吃一惊，他说："政府对企业最大的帮助就是什么都不要做，你们只要把城市的路修好，把公园和道路旁边的花草种好，这就是对我们企业最大的帮助。"

我们看看，任正非这个人说话真不讨喜，如果我是那个副市长，心里早已经开始骂了：我这热脸还真是贴上了冷屁股，好心好意地跑来问你需不需要服务，你让我种花种草去？所以从一开始，华为就相当克制地跟政府保持着一定的距离。

1998年，中兴和华为都准备竞标中国联通第一次CDMA IS-95招标项目，但由于与高通公司的知识产权问题尚未解决，中国联通第一次CDMA IS-95招标项目中途夭折，再次招标的时间悬而未定。华为绝大部分人认为可以保留一支小团队慢速跟踪CDMA IS-95项目，但李一男要全部砍掉。

2001年，中国联通CDMA一期项目使用的依然是这个落后但是成熟的IS-95标准，华为CDMA基站彻底绝收。而中兴则大赚特赚，

大头侃人：任正非

牛气冲天！

那个时候对国产GSM设备的定义有些滑稽，所有西方公司如爱立信等因为在中国有厂，也算是国产设备。为了避免程控交换机民族品牌集体崛起的故事在GSM上继续上演，西方公司学聪明了，纷纷在中国国内设厂，产品大幅降价。在各方夹击下，华为的GSM做得很惨淡，但好歹还有点儿基础，不像CDMA那样干脆基本绝收。

这段岁月对华为来说特别纠结：要是着重于眼前的技术，就丧失了未来的发展；要是看重未来的技术，眼下颗粒无收，马上就揭不开锅了。但我们也不得不佩服郑宝用和李一男这两个技术天才的判断，两个人一时瑜亮，各有所长。

郑宝用的判断非常准确，采用CDMA和PHS技术确实能够迅速财源滚滚，中兴就抓住了机会，赚得盆满钵溢，而李一男押宝的GSM是未来全球通信标准的主流，忍得一时饥寒，最后换来的是未来的长治久安。

因为GSM没有专利限制，山寨手机种类丰富又便宜，所以在全球迅猛发展，拯救了华为。而中兴因为在CDMA上大获成功，加上"小灵通"也大获成功，短时间很好过，但从长远来看，被高通的专利限制得死死的，在海外的拓展也被高通的专利限制。

所以有人开玩笑说，华为和中兴在GSM和CDMA技术路线的选择上就能看出两家公司的高下，这是两家公司后来走上不同道路的最核心的原因。

从1993年到1998年，李一男在主持华为技术的这五年，帮助华为从一家生产交换机的企业快速转换为一家包括交换、传输、无线、数

第四章 天才憾事

据、业务软件在内的综合通信解决方案的供应商。

任何羡慕华为今天在3G、4G和5G等无线通信诸多领域胜利的人，都不应该忘记1993—1998年李一男的贡献。

李一男在技术上如此天才，他有没有弱点？有。他简直就是一个集科学天才和低情商于一体的大男孩。李一男一心扑在技术上，穿衬衣连扣子都能经常扣错。从小特别顺利的他智商很高，但情商很低，不会为人处事，性格叛逆、直接，脾气很大，动不动就放狠话："你说啥，你信不信我开除你，马上把你炒掉？"

有一次，华为的一个新员工上班，就看到一个瘦瘦的小男生目中无人地走了进来，一屁股坐在自己前面的椅子上，把脚放到桌子上，拿起同事的水壶猛地喝了起来。

这个新员工一看，这个人气场很足，他就没敢吭声。等这个人走了以后，他问旁边的人："这是谁啊，那么狂？"那个人说："你这个土人，他就是李一男。"

巧的是，后来这名员工加入了李一男团队，跟着李一男去山东应标。李一男亲自带队，浩浩荡荡几十人，因为华为当时在学IBM，穿戴的都是西装领带，气势磅礴。

在技术交流会上，山东客户问他们："你们华为的基站在我们山东的冬天能不能用啊？"其中一个技术人员回答："可以啊，我们在内蒙古、东北做实验，冬天大雪纷飞，零下几十摄氏度，我们用得好好的。"

李一男一听就特别生气，直接在交流会上对这位小哥开火："哪有你这么回答问题的，马上给我从华为离职！"那位小哥蒙了，说："领导，我这样回答不妥吗？他问基站在山东能不能用，我跟他说在东北都能用，在山东当然能用啊。"李一男说："你要给客户科学的、精确的回答，零下几十摄氏度我们能用、零下几十度摄氏不能用，要精准，知道吗？"

其实李一男说的这种数据当时不见得有，那位小哥觉得碰上李一男这种领导简直倒大霉了，因为这一句话就被开除。但大家都知道那位小哥什么错误都没有犯，他回去以后就被领导们保护起来了，调到了其他部门，不在李一男跟前晃悠了。但通过这件事，李一男脾气大这件事被传得很广。

转眼就到了1999年，李一男管的这些人春节都没有回家，集中培训，准备大干一场。大年三十中午，他们在南油集团的餐厅聚餐，后来喝大了，在回家的路上，李一男跟出租车司机吵起来了，差点儿打上一架，打电话喊手下去救他。

李一男的下属到了之后，那个司机说："这哥们儿喝多了，发狠话要开除我。你凭什么开除我？我是个出租车司机！"

下属哭笑不得，说："他喝醉了，那是他口头禅，你别跟他一般见识。"

技术上是个天才，生活中有时候比较羞涩和腼腆，工作中又独断专横，这就是李一男。他这个人太单纯了，不知道怎么为人处世，或者说他不屑于去了解这些东西。

他不跟同层级同事多交流，也不搞人际关系，永远直来直去，口头禅就是："你信不信我开了你。"李一男还给公司写过报告，建议高层领导每年都换一下，以免形成派系。任正非觉得他说得有道理，开始实行一年一换、半年一换的轮岗制度。他一直这么雷厉风行，搞得一些资历很深、年龄比他大的高管很怕他。

第四章 天才憾事

在华为内部，李一男是继任正非、孙亚芳之后的华为三号人物。外界甚至一度把他视为接班的第一人选，但是任正非不这么认为。

可以说，任正非是从血泊中爬起来的人，是打天下的人，他深知李一男还远远没有达到接班人的要求。第一，任正非年龄不算大，接班不是个急迫的问题。第二个，李一男的历练太少，他根本不懂怎么跟人打交道。让他当了一把手，他一不高兴，把全公司的人都开除了怎么办？所以任正非开始有意识地、全方位地打磨这块璞玉，没想到这一打磨就出了问题。

任正非觉着李一男在技术上已经是个大师级的人物，但是在市场营销上有短板，如果要做首席执行官，就必须懂市场和营销。

所以，1998年，踌躇满志的李一男正准备大展宏图时却突然间被调离了中央研究部，去负责市场部。这是任正非苦心栽培他的第一步，他希望李一男能够从研发中走出来，走向市场，能力更加全面，将来走上更加重要的岗位。

但对李一男来说，这个调动就很痛苦：我本来是一条鲨鱼，游遍五湖四海，所向披靡，在海里简直像个小霸王，没人敢惹我，但是任老板你不跟我打个招呼，让我一条鱼去爬树，我不感兴趣，那也不是我的强项，我不愿意接受。

任正非说，不愿意接受也要接受，理解要执行，不理解也要执行。任正非觉得自己是拿李一男当接班人来培养，李一男却觉得任正非把他发配出去了，自己被边缘化了。

两个人没有沟通好，李一男就感觉自己在华为的职业生涯走到了尽头，无比失望和沮丧。任正非对他也很失望，觉得自己要好好培养他，他竟然这么吊儿郎当的，还有抵触情绪。这为李一男后来出走埋

大头侃人：任正非

下了隐患。

尽管这一时期李一男在整个华为体系内依然非常强势且呈上升状态，比如2000年他又担任了华为电器总裁和华为美国研究所所长，但是两个人的冲突不可避免地爆发了，最后李一男正式向任正非提出了辞呈。

任正非接到辞呈后大吃一惊，他从来没想到李一男有一天会离开华为，他也从来没想过华为有一天会失去李一男。就像两个人谈恋爱闹矛盾，女孩子要走，男孩子这时候要好好挽回，如果赌气说"你走吧，以后再也别回来了"，双方的矛盾就激化了，不分手的也要分手了。任正非就是这样硬脾气的人，他用了一些比较极端的方式加速了这个过程。

硬碰硬之下，李一男坚定了离开华为的决心。

这是华为历史上最大的一次危机。

到目前为止，包括孟晚舟事件，都没有这次危机来得剧烈。我认为，在整个中国企业史上，只有当年柳传志报警抓捕孙宏斌可以与之比肩，这都是天才之间的碰撞，就像宇宙中星系相撞，爆发的能量蔚为壮观，形成的巨大星云影响至今。

有人说，论格局和胸襟，柳传志比任正非高多了，任正非对李一男后来采取了打击的态度，但是柳传志对孙宏斌采取了扶持的态度。

其实说出这话就没有很客观地去评价两者的不同。万事有因有果。孙宏斌出狱后告别了IT业，进入房地产领域，跟柳传志没有任何业务上的冲突，但是李一男不一样，他出去之后直接动摇了华为的根基，二者不可同日而语。

第四章　天才憾事

李一男出走，可以肯定的是，早在1999年他就决定了。华为原来的一个副总裁，后来到北京创办了合康亿盛科技的李玉琢，当时也辞职了，去向李一男告别。李一男竟然说了这么一句话："走走走，都走吧，早走早好。"这就是天才少年情商低的表现。

一般人会说："哎呀，玉琢啊，这个聚是一团火，散作满天星，不论我们人在哪里，只要我们心在一起，我们还是好兄弟。"李一男说的却是："走走走，都走吧，早走早好。"

李一男为什么会出走？是因为他少年得志，才华横溢，能力出众，导致他走得太快。

一般来说，少年时顺风顺水往往是大栽跟头的标志。李一男从校门到企业，就像谈恋爱一样，认识了华为这个姑娘，并且在华为内部迅速碰到了天花板。李一男再往上升，只能到"左非右芳"了，左边是任正非，右边是孙亚芳。

所以这种顺风顺水对一个年轻人来说确实不是好事，因为这种人生缺少挑战性，就像空心的杨木一样，经不起风雨和挫折，一有挫折就想走。

所以有人开玩笑，为什么富不过三代？为什么王朝几世而衰？就是因为开国的君主雄才大略，经过很多苦难，第二代因为还能跟父辈直接交流，还能坐稳江山，到了第三代以后，生于深宫之中，长于妇人之手，从小锦衣玉食，受百般呵护，根本没有经历过风雨和灾难，王朝也就不可避免地要走下坡路了。晋朝有一个皇帝，听说民间老百姓饿死的时候，他问大臣："他们为什么不吃肉糜啊？没有粮食吃就吃肉呗。"

另外，华为经过这么多年的发展，有几万人了，派系林立，山头

大头侃人：任正非

林立，成为华为成长的制约，好多事李一男一个人说了也不算。这就像一个少年身体长得很快，衣服却没有换，旧时的衣衫已经装不下这个蓬勃生长的少年。

还有一个原因可能是李一男的确想单干。李一男在华为是技术上的负责人，但不是最终决策者，公司上什么东西不上什么东西，他说了不算。当年他看好GSM，还要跟师兄争论，这样太麻烦了，如果自己当老板，自己说了就算。

大概这几种原因，导致了李一男最后毅然决然地出走。

第五章

至暗时刻

任正非想不通，在他看来，权力、利益（员工持股在90%以上）、舞台，甚至真情，他都给了员工，而这些人却选择背叛，他痛苦，他迷惘，他更心寒。

第五章　至暗时刻

李一男决绝出走，任正非虽然震惊，却也没有办法，只能批准。但李一男不可能不知道，此时的任正非正处在人生的至暗时刻。

2001年1月5日，任正非跟随当时的国家副主席胡锦涛访问伊朗。经过几天的密集行程，到了8日，访问圆满结束，就在这时，任正非突然接到一个电话。接完之后，他脸色苍白，如遭晴天霹雳。

这个电话是谁打来的呢？是华为的财务副总裁纪平。

纪平说："任总，家里老太太上午10点钟左右，提着两包菜从菜市场出来，过马路的时候被一辆汽车给撞倒了，孙亚芳已经前往昆明组织抢救，你尽快赶回来。也别太着急，她只是被撞伤了。"

明白人都知道，如果程远昭老人只是发生了轻微的交通事故，他们怎么会给远在伊朗、相隔万里的任正非打电话？任正非一听就知道大事不好，赶紧坐飞机回国。

其实，程远昭老人也许可以幸免于难，但是肇事者在事故发生后逃逸了，再加上她只是出去买菜，身上没有带任何证件，被送到医院后，院方联系不到家属，结果耽误了救治。

任正非心急如焚地往回赶，可是这中间要多次转机。在巴林转机要等上六七个小时，结果任正非碰上了雷雨天气，飞机又延误了两个小时。

大头侃人：任正非

焦急等待的任正非心如刀绞，又如油煎，到了曼谷转机，任正非晚了十分钟，没赶上去昆明的飞机，直到深夜，任正非才赶回昆明。

来到医院病房，任正非一看就知道母亲的病情有多严重，她的头全被撞坏了，心跳和呼吸全靠药物和机器维持，她一声不响，非常安详地躺在病床上，好像她一生中从没有这么安静地休息过。

此时任正非悔恨交加，他自责不已，为什么在伊朗没有给妈妈打一个电话。如果那天早晨给她打个电话，也许她就会晚出门，也就撞不上那辆汽车。任正非禁不住泪如雨下，走上前去，叫了一声"妈妈"。

也许冥冥之中亲人之间有种感应，在任正非涕泪交零地叫了这一声"妈妈"后，程远昭老人非常安详地离开了这个世界。

这不是任正非第一次体验丧亲之痛。

1995年，任正非的父亲任摩逊故土重游后返回贵州，后来去女儿家小住。在昆明街头一个小摊上，他因为舍不得多花钱，买了一瓶山寨的劣质包装的饮料，喝完之后拉肚子，最后不幸因全身器官衰竭而亡。

五年间，任正非双亲先后辞世。

在艰难困苦的五六十时代，程远昭每天早晨偷偷塞给任正非一个小玉米饼子，让他好好复习参加高考。任正非知道，这个小饼子是一家人从嘴里省出来给他的。后来，任摩逊被造反派冲击。任正非冒险回家，任摩逊还把自己唯一的翻毛皮鞋脱给了任正非，他自己却要在冰冷的泥泞中做苦工。

再后来，任正非转业到南油集团，被人骗走了200万。任摩逊和程远昭怕他想不开，举家迁往深圳陪他，一家人挤在十几平方米的小房

第五章　至暗时刻

子里生活。父亲舍不得买烟，就抽从老家贵州带来的劣质烟叶。母亲为了省钱，专门挑下市的时候，从菜市场买便宜的死鱼虾。

……

这一幕幕，在任正非的眼前闪过，让他开始怀疑人生的意义。生意做这么大，有什么用？除了让父母担心，自己没有给他们带来任何宽慰和快乐。母亲生前一直在偷偷攒钱，担心他哪天生意失败，没钱吃饭，自己积攒的这些钱可以救他一命。

一直以来，任正非跟妈妈总是聚少离多。往年春节，任正非不是在国外拜访客户，就是一回到老家便被办事处的车接走，又见重要客户去了，导致他想好好陪妈妈过春节的愿望一直实现不了。

本来，这一年，他终于下定决心，春节要好好陪陪老母亲，没想到母亲却去世了。"子欲养而亲不待"，这成为任正非永远无法弥补的遗憾，给他带来了巨大的心理创伤。

这也为后来任正非患上抑郁症埋下了一个伏笔。

恰恰在这一年，李一男出走后创办的"港湾"，成为华为的直接竞争对手。

经常有朋友问我："我想创业，你怎么看？"我说，创业是好事，但不是每个人都适合创业，创业的煎熬超乎你的想象。就像任正非，在最需要朋友和亲人宽心的时候，李一男扔过来一把匕首，深深地扎在他心上，让他流血不止。

从李一男的角度来说，他到华为凭的是本事和技术，又没卖身给华为，此地不留爷，自有留爷处，水往低处流，人往高处走。这确实

大头侃人：任正非

没有任何问题，但是可以看出他情商确实低这个问题。

但从任正非的角度来说，他对李一男视若己出，一路对他越级提拔，甚至把他当作接班人来培养，他竟然决绝地要走，又反过来对付华为不留任何余地。

这些年，见过太多起高楼宴宾客楼塌了的故事，我多少也能理解创业者的复杂感受，有过这种人生经验，回头再与做过企业的朋友们聊，才真正意识到，企业家内心印记最深的，除了成功的激越、体面，还有被辜负、被欺骗、被背叛、被暗算的复杂情感，但这些经历不像成功那样可以公开讲述并分享炫耀。

2000年4月，任正非率领几十名核心高管，在深圳五洲宾馆最豪华的宴会厅为李一男举行了一场隆重的欢送会，欢送李一男北上创业，他就像家长送孩子上大学，期待孩子将来衣锦还乡一样。带着全体领导班子成员为一个离职员工送行，这在华为是空前绝后的，可见任正非对李一男用心之深。

任正非带着不舍和期待，带着担忧和希望，种种复杂的情绪融于一身。他知道李一男出去说不准干出什么事来，会对华为造成损害，但他又希望自己的担忧是多余的。其实，他和李一男都知道，这是不可能的，只是那时候双方都不知道未来竟会兵戎相见。

就在任正非办欢送会的同一个酒店里，宾馆大堂里正在举行华为员工开赴国际市场的动员大会。华为国际部的员工唱着"雄赳赳，气昂昂，跨过鸭绿江"，大有"风萧萧兮易水寒，壮士一去兮不复还"的悲壮感。

华为和李一男就此分道扬镳。

第五章　至暗时刻

李一男脱离华为，一骑绝尘跑到北京，创办了自己的港湾网络，主要从事系统集成业务，代理华为的路由器及数据通信产品，建立华为数据通信产品的培训基地，同时集成一些与华为产品没有冲突的其他厂商的产品。

应该说，任正非对李一男仁至义尽，港湾的启动资金及设备正是来自李一男在华为由技术贡献等转换而来的股份，按照华为为创业员工提供的优惠扶持政策，李一男持有的华为股份价值的70%置换为华为设备，总计价值约1000万元。

北上创业之际，李一男与华为签了个"君子约定"：只做华为产品的代理商，不涉及产品研发。但任正非万万没想到，李一男很快就把这个君子协定抛到了脑后。

2000年8月15日，华为出台了关于内部创业的管理规定：凡是在华为工作满两年的员工，都可以申请离职创业，成为华为的代理商。公司为创业员工提供优惠的扶持政策，除了给予相当于员工所持股票价值70%的华为设备之外，还有半年的保护扶持期，员工在半年之内创业失败，可以回公司重新安排工作。但是，创业员工需要与华为签"君子协定"，只做代理，不能搞研发。

应该说，1996年华为市场部集体辞职，就地下岗，就地竞争上岗，是一次成功的新老交替。但2000年这次离职创业是失败的，成为华为永远的痛苦，时移世易。

因为这个时候，从华为出去的员工既不缺钱也不缺技术，缺的就是成功。他们之中有的比较厚道，去做华为没有做的板块；有的野心非常大，狼性十足，专门做华为正在做但还没有做好的板块，与华为形成竞争，只要有机会，就会不惜一切代价击败所有对手，包括华为。

大头侃人：任正非

　　堡垒最容易从内部攻破。1993年便加盟华为的李一男对华为太熟悉了，太了解华为是怎么一步一步走到今天的。

　　华为一是抓住了交换机换代的大好时机；二是投巨资研发领先水平的产品；三是吸引了全国最优秀的通信专业毕业生，并让他们始终保持旺盛的斗志；四是以员工持股为中心的一系列激励措施。但是经过这么多年的发展，华为业已成熟的体制已经使激励的边际效应大打折扣，像一辆车一样，到了保养和调整的时候。

　　李一男觉得自己的时代即将到来。"李一男"这三个字，在通信市场上就是金字招牌。在他面前，是一个巨大的正在形成的宽带数据通信市场，而且当前所有的技术他都懂，他不缺产品也不缺技术，不缺团队也不缺资金。

　　不久，港湾便获得了美国华平、淡马锡等机构近亿美元的风投。有了风投的加持，李一男的目标不再是做华为的产品代理商，他也有自己的梦想，他想成为下一个任正非，或者超越任正非。

　　转眼到第二年，已经有上百个华为研发和市场部门的核心骨干跳槽到港湾，其中包括华为国内市场主管副总裁彭松、华为数据通信部门总经理路新。曾有媒体披露，港湾私下收买华为市场和研发部门的核心骨干，这些人并不离开华为，而是回避港湾的相关研发领域和目标市场。

　　换句话说，只要是港湾想要的产品市场，华为内部就会自动避开。港湾甚至收买了华为北京研究所的一名员工，由其利用华为资源进行研发，然后和港湾共同成立合资公司。

　　市场不相信眼泪，也没有不变的情感，只有不变的利益。

　　2001年11月，港湾就在国内第一家推出了机架式以太网骨干交换

第五章 至暗时刻

机,一下子从代理商变成了华为最直接的竞争对手。2002年1月,港湾又在国内第一家推出了ADSL/VDSL混插大容量机架式IPDSLAM系统。2003年5月,港湾在国内第一家推出支持OC-192接口的T比特核心路由器。港湾宣称"这些宽带网络建设中应用最广泛、最主流的产品领先于国内主要竞争对手12—18个月"。这是港湾对自己的评价,也是对竞争对手的评价,这个主要竞争对手说的就是李一男的老东家华为。

2001—2003年,港湾的年销售收入步步登高:2001年,1.47亿元;2002年,4.1亿元;2003年,10亿元!在整个业界,人称港湾为"小华为"!

任正非想不通,在他看来,权力、利益(员工持股在90%以上)、舞台,甚至真情,他都给了员工,而这些人却选择背叛,他痛苦,他迷惘,他更心寒。

李一男的所作所为,给了一些人榜样和示范的作用。这些人不讲情谊,也不讲规则,像土狼一样,成群结队偷盗公司的技术和商业秘密。那时候,华为内部弥漫着一股歪风邪气,大家都高喊着"资本的早期就是肮脏的",以此为自己的盗窃行为推卸责任。

2003年发生了一件大事,港湾在北京宣布与深圳的钧天科技进行合并。这成为华为与港湾爆发大战的导火索。任正非得知这个消息后,在EMT内部会议中说,两个方面军顺利会师了。

钧天科技当时拥有40多项光通信技术方面的核心专利,还有一大批入网许可,钧天的老总叫黄耀旭,是李一男当初在华为的得力干将,也曾是华为的副总裁。

大头侃人：任正非

当时华为的最大利润来源有两个，一个是程控交换机，另一个是数据传输技术。港湾收购了钧天科技，就顺利进入了运营商的数据传输市场，动了华为的奶酪和根本。

更要命的是，李一男和黄耀旭都具备绝对核心的顶尖研发能力，他们俩的公司合并成功，华为恐怕很快就要从这个世界上消失了。

这个时期华为的光通信技术，在国内占有超过70%的市场，给当时还在"过冬"的华为带来六七亿美元的现金收入，毛利润高达30%，卧榻之侧，岂容他人鼾睡？

眼看昔日部下如狼似虎地扑向华为的腹地，直击华为要害，任正非震怒了，忍无可忍，奋起反击。

清代文学家顾贞观的词《金缕曲》中有一句："薄命长辞知己别，问人生，到此凄凉否？"任正非流年不利，最核心的技术天才李一男出走以后，另一个技术天才郑宝用也出了大状况：2002年，郑宝用上班的时候晕倒了，被查出脑癌。

任正非亲自把郑宝用送上去美国治疗的飞机。临别时，两个大男人抱头痛哭。因为他们都明白此时此刻的华为正在面临着什么，可能这一去，兄弟将阴阳相隔，永不相见，因为任正非这时也身患癌症，已经做了两次手术。

此时此刻，华为风雨飘摇，到了成立以来最危险的时刻。

3G牌照迟迟拿不到，国内业务颗粒无收，UT斯康达和中兴步步紧逼；创业元老风流云散，有的背弃了承诺，变成华为最强悍的对手；亲人远行，最亲爱的妈妈以最惨烈的方式永远离开了；兄弟得了癌症，自己也得了癌症，做了几次手术……

更要命的是，2002年，美国思科的全球副总裁钱伯斯指责华为在

第五章 至暗时刻

知识产权上侵害了思科的利益。2003年1月，思科正式向得克萨斯州东区联邦法庭提起诉讼。

此时的华为，内忧外患集于一身，任正非的身体基本上垮掉了。任正非后来写文章回忆：

> 我理解了，社会上那些承受不了的高管，为什么选择自杀。问题集中到你这一点，你不拿主意就无法运行，把你聚焦在太阳下烤，你才知道首席执行官不好当。每天十多个小时以上的工作，仍然是一头雾水，衣服皱巴巴的，内外矛盾交集。
>
> ……
>
> 2002年，公司差点崩溃了。IT泡沫破灭，公司内外矛盾的交集，我却无力控制这个公司，有半年时间都是噩梦，梦醒时常常哭。真的，不是公司的骨干们，在茫茫黑暗中，点燃自己的心，来照亮前进的路程，现在公司早已没有了。这段时间孙董事长团结员工，增强信心，功不可没。

这个在任正非文章中出现的孙董事长是谁呢？她就是孙亚芳。

她是华为发展史上另一个传奇人物，与任正非合称"左非右芳"。

在华为内部，只有两个人称呼可以加上"总"，任正非被称为任总，另一个就是孙亚芳，被称为孙总，其他的副总裁一律称呼名字。孙亚芳的传奇故事，我到后面慢慢讲。

除了癌症，任正非还患有抑郁症。

人生不可能没有困难，经营企业更是如此。在危机面前，有些人一蹶不振，有些人却越挫越勇，夜里哭完，第二天依然充满斗志。

大头侃人：任正非

任正非就是这第二种人，他是性格极其矛盾的人：顺风顺水的时候充满危机意识，身陷绝境的时候却是无可救药的乐观和彪悍，决不认输。

当然，任正非患有抑郁症是公司机密，公司的人都不知道老板得了重度抑郁症，只知道老板脾气大。很多人不知道的是，重度抑郁症患者一般会有躯体性障碍，根本没有办法工作，但是任正非像铁打的汉子一样，还在坚持正常工作，所以很多人都以为他脾气暴躁，却根本不知道他的痛苦有多深。

华为前副总裁李玉琢曾披露："任正非的脾气很坏，是我见过的最暴躁的人，我常看到一些干部被他骂得狗血喷头（高级干部尤其）。有一天晚上，我陪他见一位电信局局长，吃饭到9点。在回来的路上我问他回公司还是回家，他说回公司，有干部正在准备第二天的汇报提纲（第二天李鹏要到华为）。我陪他一起回了公司。到了会议室，他拿起几个副总裁准备的稿子，看了没两行，'啪'的一声扔到地上：'你们都写了些什么玩意儿！'于是骂了起来，后来把鞋脱了下来，光着脚，在地上走来走去，边走边骂，足足骂了半个小时。"

在某次中层干部会议上，任正非对华为财务总监说："你的长进非常大。"总监还没来得及高兴就听到了下半句："从特别差变成比较差！"

不过，在医生的帮助之下，任正非的抑郁症最终慢慢得到缓解和康复。

面对咄咄逼人的港湾，华为终于开始反扑，双方撕掉了最后一层温情脉脉的面纱。

第五章 至暗时刻

2004年，华为与思科的诉讼告一段落，华为成立了一个"打击港湾工作办公室"，简称"打港办"，受任正非直接领导，专门拨款4亿人民币，开始对着港湾火力全开。

在此之前，华为已经与美国的3Com公司成立合资公司华为3Com（华三），目的是通过华三这个渠道进入美国，有利于应对思科的诉讼。同时，成立这个合资公司，也有利于稳固华为之前并不重视的中低端数据市场，尤其是对比港湾的市场。

此外，只要是港湾参加投标的项目，华为的报价都比港湾的低。华为明文规定，办事处把单子丢给了中兴和思科不要紧，没有责任，可是如果把单子丢给了港湾，就要受处分，办事处主任立刻下岗走人。

华为的一个老员工回忆说，在山东一个国际中学的局域网招标项目，港湾报价是60万元。华为听到消息后，横插一杠子，报20万元超低价！客户一听很开心，鹬蚌相争，渔翁得利。港湾一看，没办法，只好退了一步，降到40万元。

这家国际中学过去跟港湾合作得比较好，念及往日的合作关系，准备接受港湾的这个报价，因为40万元这个报价港湾已经不挣钱了，是在亏钱。没想到，华为代表跑去找承包方的领导哭诉："只要让我们接，这个单子白送也可以，如果我连白送都送不出去，回去恐怕主任都要被撤职了！"

这种买卖，谁不愿意接呢？最终，这家中学选择了实力更强、价格更低的华为。

对于那些用了港湾产品的客户，华为不惜送设备送服务，把客户正在使用的港湾设备买回来，转用华为的，甚至对一些客户"买一送一"。华为所做的这一切，只求把港湾废掉。所以很多客户一发标，就特别盼着港湾和华为一起投标，因为只要这两家一起来，标价就大跳水，甚至白送。

在这种疯狂的360度无死角的封堵之下，港湾确实疯了。

港湾的羽翼还没有丰满，财务上应收账款也不过区区4亿元，正好等于华为的"打港经费"，港湾跟华为耗不起。它的销售体系渐渐崩溃，很快就颗粒无收。

华为那时候刚刚卖掉了很赚钱的子公司安圣电气，拿到了7.5亿美元（约60亿人民币）的现金流，所以华为有充足的资本跟港湾拼消耗。任正非这种战术的有效性和凶狠性，进攻的凌厉，在对付港湾上表现得淋漓尽致。

李一男第一次领略到商业竞争的残酷。

华为的反击是全方位的，把港湾的市场和业务封死以后，华为又把目光转到人力资源上，开始"反挖角"港湾员工。只要港湾员工回流到华为，官升一级，薪酬往上调，华为甚至不惜一切代价，把港湾的研发团队挖走，以击垮港湾的正常研发路线和部署。

港湾收购钧天以后，准备开发新一代的光通信设备。华为就出价1000万元，把这个团队核心的十五六个人全部挖走，一时之间，港湾的深圳研发中心人心惶惶。李一男被逼无奈，南下深圳安抚军心。他终于体会到一剑封喉的血腥。

这还不是最可怕的，最可怕的是华为从国际化的市场中学到了很多经验和招数，开始把这些招数用到港湾身上，对港湾发起了专利诉讼战。

2005年3月，港湾出现了转机。李一男说服风险投资人追加了投

第五章 至暗时刻

资，由TVG投资携淡马锡控股及港湾原股东华平投资、龙科投资，再次向港湾注资3700万美元，港湾启动了第二次上市程序。

当时有人分析说："如果港湾上市成功，华为收编的可能性就值得考虑，那样的话，港湾实力会极大增强，因为通信设备行业是个高投入行业。而且它应该可以卖个不错的价格，就像中兴通讯一样。"

但是他们没想到任正非的反击是那么彪悍和凶狠。

同年5月，深圳市中级人民法院判定李一男过去在华为事业部的三个同事侵犯了老东家华为的知识产权，判处有期徒刑2—3年。这对跳槽到港湾的华为员工起到了杀鸡儆猴的作用。港湾的第二次上市努力失败了。

2006年9月2日，华为正式发出了一封律师函，送到了港湾法律部。这份律师函不到1000字，措辞却相当强硬，要求港湾公司尽快解释对华为多项产品的知识产权侵权问题，如若不然，华为可能会立刻诉诸法律。

华为的这封律师函立刻在业内引起轩然大波。港湾的巨大风险在于专利侵权，因为港湾的员工大多数来自华为，知识产权方面的纠纷，很可能导致港湾丧失在美国上市的可能。

这还不算。在资本层面，华为也发起了反击。早在2005年6月7日，任正非在华为内部座谈会上，批评西方的投资机构不怀好意，他们在美国的IT泡沫中惨败，于是转向中国，以挖空华为、窃取华为积累的无形资产来摆脱他们的困境。所以，华为采取了非常手段，利用财务问题，以匿名邮件的方式发送到承销银行高盛的邮箱，指控港湾财务造假，导致港湾的第一次上市努力失败。

大头侃人：任正非

在华为的层层包围之下，港湾陷入了四面楚歌的境地，市场颗粒无收，技术人员大批量回归华为，最重要的是资本也开始观望，不敢再投港湾，担心血本无归。

任正非通过一系列组合拳，把港湾迅速打回了原形，同时也是在告诫华为其他内部创业员工，华为支持他们创业的底线是不能伤害华为的合法利益，不然的话就兵戈相见。

另外，华为通过媒体的舆论宣传造势，给李一男贴了几个标签，把他的个人形象负面化，比如忘恩负义、不遵守代理商规范、不遵守签署的竞业协议等等。这给李一男在通信圈子里造成了巨大的压力。

一时之间，李一男在江湖上千夫所指，背负了各种骂名，最后，李一男走投无路。

这时就能看出李一男智商高却情商低了。

走投无路，可以跟华为谈一谈啊，但李一男偏不，他宁可把港湾卖给西门子也不卖给华为。任正非决不容忍，因为西门收购港湾的计划一旦达成，华为的很多专利和产品就会归西门子所有，在全球市场上，华为将多出西门子这个强有力的对手。对西门子来说，它可以利用港湾低价采购OEM设备，这对华为是很大的威胁。

早在2005年，在尼泊尔电信招标的过程中，西门子的报价就低于华为的。在另一次电信项目竞标中，西门子同样以低报价战胜华为。当时任正非更担心的是诺基亚正打算收购西门子旗下的通信业务。一旦港湾被西门子收购，那么它被诺基亚收购的概率也会大大增加，诺基亚无疑将如虎添翼，极大地威胁华为的全球市场。

不得不说，关键时刻，姜还是老的辣。在得知西门子准备收购港湾之后，任正非先下手为强，开始起诉港湾在知识产权方面对华

第五章 至暗时刻

为的侵权。

要知道，在全球大公司里，对知识产权是非常看重的，在他们的认知里，知识产权是一个非常敏感的话题。如果收购了带有知识产权争议的资产和公司，会给公司带来很大的负面影响。

任正非这招，就叫"打蛇打七寸"。

当时西门子正在与诺基亚谈合并业务，它也不想因为这个官司影响到合并，最后，西门子宣布退出对港湾的收购。这条路被斩断之后，港湾所有的生存之门都被关闭了。

2006年6月6日，华为以17亿元人民币的价格，与港湾达成了收购意向并签署了谅解备忘录。

根据谅解备忘录，港湾转让的资产包括路由器、以太交换机、光网络、综合接入的资产和人员等，包括其他所有的知识产权。这里面最特殊的一项条款是李一男本人必须回到华为。

走投无路的李一男被迫签下了这份"城下之盟"。

任正非去港湾接收的时候，发表了一次讲话，很令人感动。他是这么说的：

> 我代表华为与你们是第二次握手了，首先这次我是受董事长（孙亚芳）委托而来的，是真诚欢迎你们回来的，如果我们都是真诚地对待这次握手，未来是能合作起来做大一点的事情的。不要看眼前，不要背负太多沉重的过去，要看未来、看发展。
>
> 在历史的长河中有点矛盾、有点分歧，是可以理解的，分分合合也是历史的规律，如果把这个规律变成沉重的包袱，是不能

做成大事的。患难夫妻也会有生生死死、恩恩怨怨，岂能白头呢？只要大家是真诚的，所有问题都可以解决。

从现在开始，前半年可能舆论界对你们会有不利的地方，但半年后，一定是十分正面地评价你们的行动。所以你们不要担忧华为的员工如何看这个问题，在你们回来工作时，也会有一些不舒服的地方。将来如何对待你们，主要还是高层要对此有正确的看法，中基层是可以说服的。

任正非为什么说"前半年可能舆论界对你们会有不利的地方"，是因为这里有一段小插曲：这几年，华为跟港湾打仗打习惯了，结果华为的一个高管讲话的时候，一不小心说漏嘴了，他把从港湾合并过去的员工看作战俘，嫌弃道："你们这些战俘啊，还这么多事儿。"结果，这件事被举报到总部，总部狠狠地处理了这位高管。由此可见华为和港湾之间的这场战役对一些员工的心理影响之大。

任正非接着说：

你们开始创业时，只要不伤害华为，我们是支持和理解的。当然你们在风险投资的推动下，所做的事对华为造成了伤害，我们只好做出反应，而且矛头也不是对准你们的。2001至2002年华为处在内外交困、濒于崩溃的边缘。你们走的时候，华为是十分虚弱的，面临着很大的压力。包括内部许多人，仿效你们推动公司的分裂，偷盗技术及商业秘密。

当然真正始作俑者是西方的基金，这些基金在美国的IT泡沫破灭中惨败后，转向中国，以挖空华为，窃取华为积累的无形财富，来摆脱他们的困境。……

第五章 至暗时刻

如果基金这样做在中国获得全面胜利，那么对中国的高科技是一场灾难，它波及的就不只有华为一家了。因此，放任，对我们这种管理不善的公司是一个悲剧，我们没有退路，只有坚决和基金做斗争。当然也要面对竞争对手的利用及挤压。因此，较大地挫伤了你们，为此表达我的歉意。

这两年我们对你们的竞争力度是大了一些，对你们打击重了一些，这几年在这种情况下，为了我们自己活下去，不竞争也无路可走，这就对不起你们了，为此表达歉意，希望你们谅解。不过华为逐鹿中原，也是惨胜如败。但愿我们摒弃过去，面向未来，取得双赢。

......

不一定会说你们输了，我们赢了，应该说我们是双方都赢了。如果华为容不下你们，何以容天下，何以容得下其他小公司。我们在很多方面不如小公司，小公司就是靠创意，小公司idea强，大公司平台强，平台强就是发现机会后，可以加大投资猛追。

......

现在华为使用轮值主席，通过轮流执政的管理方式，几年以后达到和谐的管理体系。EMT的决策能力大大增强了。新的方面已取得非常大的机会，两家合作起来一定会有前途的。

2006年9月11日，李一男重新回到深圳坂田华为总公司，出任华为副总裁兼首席电信科学家，工号69066。69066号，也就是说，华为是按照新入职的员工来对待他的。

根据双方的谅解备忘录，这个锁定期是两年，李一男至少要在华为待两年。这场持续了五年的竞争，华为是杀敌一千，自损八百，惨

大头侃人：任正非

胜如败。对港湾来说，这个曾经打入十多个国家，在国内拥有34个办事处、19个分公司的通信设备供应商，正式成为历史。

港湾和华为的战斗结束后不久，从2007年开始，孟晚舟负责实施华为集成财经服务的变革项目。该项目实施能为各级经营组织提供更完善、更准确、更有价值的财务数据，促使华为持续为客户提供高品质的综合解决方案。

而之前几年，孟晚舟已经在华为建立了全球统一的财务组织，包括组织架构、业务流程、财务制度和IT平台等，使得华为全球的财务组织以更高的效率和更低的成本来运行。

孟晚舟逐渐从华为的边缘走向舞台中央，而李一男的人生轨迹依然像过山车一样。

有人说李一男在华为的办公室是个透明的玻璃房子。一上班，就有很多华为新员工跟看猴似的去看他，去看这个叛变又回来的李一男。李一男感到非常痛苦。

两年之后，锁定期一到，李一男就离开了华为，去了百度担任首席技术官。当时李彦宏与李一男惺惺相惜，他说，全球可以担任百度首席技术官的人不超过三个，李一男就是其中一个。这话说得很漂亮，但两人是塑料兄弟，后来百度网页被黑，李一男黯然离去。

2010年，李一男到12580（中国移动和华为合资的一个项目）担任首席执行官，也就是说他再度踏入了华为的势力范围。后来，李一男去了金沙江投资，担任投资人，搞得还不错，两个公司都上市了。再后来，他参与创办了牛电科技。很多人不知道牛电科技，不过很多人知道它的产品小牛电动车，卖得很好，体验不错。但好景不长，2016

第五章　至暗时刻

年，李一男因为涉嫌内部交易，锒铛入狱。

离开华为后，李一男似乎也失去了身上的天才光环，左跳右跳，横跳竖跳，再也找不回当初在华为叱咤风云的感觉。其实李一男最大的问题是他过于追求理想化的东西。就像很多人追求自由一样，人生哪里有自由？就连自由本身也是一种枷锁，把我们每个人都捆得很紧。每个追求理想化的人，注定都要接受离地一万尺的孤寒。

最后再讲一下李一男身上颇为巧合的事情，他似乎跟6月有缘。李一男生于1969年6月，当年上少年班也是6月入学，进华为同样是6月，重返华为是6月，第一代小牛电动车发布的时间还是6月，遭拘捕偏偏又是6月。

李一男的人生传奇到此基本接近尾声了。在以后的岁月中，李一男已经不再是少年。如果李一男看过奥斯卡获奖电影《燃情岁月》的话，他应该铭记下面一段台词：

> 生命中的险恶没有什么恐怖，生命中的寂寥没有什么悲愤，生命中的放纵没有什么缺憾，生命中的痛苦与埋没无关，关键是，即使在始终无人注目的暗夜中，你可曾动情地燃烧，像那颗不肯安歇的灵魂一样，为了答谢这一段短暂的岁月？

李一男与华为，公平公道地来说，是相互成就。

华为改变了李一男的命运，李一男也改变了华为的命运。李一男作为技术天才，对华为的贡献不能否认。华为也从李一男事件中成长了很多，成熟了很多。

李一男和任正非，是各自生命中的贵人。他们之间的惺惺相惜远超我们普通人的想象。

没有任正非，就没有今日李一男；没有李一男，就没有今日之华为。

可是偏偏真正的英雄往往互为对手，他们徒手相搏，他们兵戈相见，他们惺惺相惜，他们惨胜如败，他们留给这世间的，唯有一声叹息。

第六章

王者之相

"疾风知劲草，板荡识诚臣"，风雨真正到来的时候，才能看出哪些人是雄才大略、哪些人在纸上谈兵。

第六章　王者之相

华为打压李一男的时候,其实是在两面作战:一面是李一男,心腹大患;另一面是美国的思科,大兵压境。

思科和中国的渊源其实极深,1994年年初,时任教育部副部长的韦钰提出要教育科研机构建立互联网,这便是中国互联网的开始。

很快中国派了一个代表团到美国去,这个代表团成员包括吴建平、李星等中国最早研究互联网的学者,他们到美国的任务是考察互联网,并且考察生产互联网设备主要是路由器的公司。

经过认真考察,他们很快就定下了美国思科的设备,设备很快到货。在很短的时间里,中国自己最早的互联网就在大学里诞生了。

思科是一个标准的网络时代弄潮儿,随着互联网的出现而兴,随着其泡沫的破碎而一度衰落,2000年,思科曾经在一瞬间超过微软,成为世界上股值最高的公司,那时思科股票一天的交易额超过当时整个中国股市。

2001年,"9·11"恐怖主义袭击以后,思科的股票一度缩水85%。那年,思科的首席执行官钱伯斯宣布了思科历史上唯一一次大裁员,同时他将自己的工资降到每年一美元,成为世界上工资最低的首席执行官。

这个时候,思科对于华为的崛起,抱有极大的戒心。

大头侃人：任正非

2002年，思科的一个全球副总裁来到华为，一副牛气冲天的样子，说华为侵犯了思科的知识产权，华为必须承认侵权、赔偿，然后停止销售相关产品。

通信业的人都知道，思科此刻依然是世界上顶尖的企业，家大业大，产品也非常好，所以面对思科咄咄逼人的指责，华为心里也没底。

考虑再三，华为回复说："你指出华为哪一款产品有争议，我们就把它撤回来，但是有一点，我们决不接受侵权的指责。"毕竟华为刚刚进入国际市场三年，如果承认自己的产品山寨、抄袭，企业形象就会一落千丈，再也没有客户敢用华为的产品。

过去，有些人觉得知识产权问题很虚，其实在全球通行的规则里，这是件很严肃的事情。一旦知识产权官司败诉，轻则赔偿，重则产品下架、被召回。

2018年，福州中级人民法院就判了这样一个案件——高通起诉苹果。大家可能很奇怪，中国的地方中级人民法院判了美国两个巨头的官司，这是怎么回事？这里涉及属地管理原则。

在全球化的今天，国与国之间的界线已经慢慢模糊了，不是所有的案件都按属地管理原则来审，还有属物原则、属人原则。所以知识产权侵权问题可不是闹着玩的。

我在前一章里讲过西门子想趁华为与港湾大战的机会收购港湾，捡个便宜，结果华为直接击中西门子的软肋，指出港湾的产品抄袭华为，侵犯了华为的知识产权。到底有没有侵权这回事？百分之百有。因为港湾就是一帮华为人出去弄的，他们的代码重合率非常高，侵权是板上钉钉的事实。最后西门子知难而退了。

第六章　王者之相

华为深知知识产权的厉害，走上国际化道路的时候特别注意这一点，有了知识产权的意识。但是华为也没有十足的把握，所以当年面对思科咄咄逼人的指责，采取了息事宁人的态度，撤回了在美国的十几件路由器产品。

思科却以为自己抓住了华为的把柄，包括美国的一些媒体也开始起劲了：你不是没抄吗，没抄你撤回去干吗？做贼心虚还不敢承认，真丢人。刚到国外市场闯荡，华为就遇到了思科的强力指控，这给华为造成了很大的压力。

思科为什么要起诉华为？这要从头说起。华为出海是从亚、非、拉这些落后地区起步的，以华为员工的狼性拼杀，迅速在亚、非、拉打开了局面，屡有斩获。后来华为又派人去法国、英国、加拿大、俄罗斯，把国内"农村包围城市"的战术活学活用到了海外市场，最后华为"包围"了美国，开始向美国渗透。

但是美国对外来的科技公司一直都很防范，中国很多企业都曾到美国建厂，比如海尔，后来不了了之；台湾的宏碁在美国建了厂，最后赔了不少钱；联想收购IBM的个人电脑业务，最后也没有施展开。

在这种情况下，华为就采取了曲线救国的战术：一开始不卖产品，先设个研发中心，人畜无害，这总可以吧？然后再设个分公司，这也可以吧？就这样，华为采取了蚕食、小步快跑的策略，慢慢打入了美国。

2002年6月，美国亚特兰大举办了一个通信设备展，华为也参展了。这是华为产品在美国市场的首秀，震惊了美国。华为展示的数据产品与思科产品性能相当，价格却低了20%—50%。在这次展会上，思科首席执行官钱伯斯佯装成一名顾客，跑到华为的展台上听华为员

大头侃人：任正非

工介绍核心产品和技术。华为员工以为是客户上门，就特别卖力地讲解，却不知道，面前的这个"客户"正虎视眈眈地看着他和旁边的华为产品。

这次展览之后，华为在美国的市场迅速打开。同年秋天巴西的数据产品招标会上，华为一举击败思科，拿到了400万美元的订单。到2002年年底，华为在美国的销售额比上一年增长了70%！与此同时，思科在全球网络设备的销售额和市场占有率首次出现下滑。华为撼动了思科的全球霸主地位。而华为在美国做了一个带有进攻意味的广告，称："它们唯一不同的就是价格。"广告的背景正是金门大桥。金门大桥是思科的标志，这一挑衅性的行为激怒了思科，同时也让思科产生了深深的危机感，如果这时候不出手把华为打垮，华为迟早会成长为令思科头痛的对手。

钱伯斯意识到，华为将思科拖入了"中国制造"效应的阴影。

所谓的"中国制造"效应，基本概念是，一个原本只能在美欧生产的产品，经过一段时间则可以过渡到日本和韩国，进而落脚于中国，美欧公司能赚钱的时间只有从美国到中国的这段时间差，以前这段时间可以长达数十年，现在只有几年。

一旦一项产品可以由中国制造，那么它的利润空间就会小到让美欧公司退出市场。现在，华为已经可以生产和思科匹敌但是价格便宜许多的低端网络设备，因此，思科相应产品的利润已经被华为封顶。

在华尔街的压力下，思科不得不放弃这些低利润率的产品。当然，思科在高端产品和新产品上的优势是华为短期内无法相比的，但是，如果一个公司只剩下高端产品，那么它就再也不能成为全行业的垄断者。

第六章 王者之相

思科原来有句广告语，叫"思科在你身边，世界由此改变"，有些人开玩笑，把这句广告改成了"华为在你身边，思科由此改变"。很多媒体借题发挥，高呼中国的通信巨人华为"狼来了"，未来真正威胁美国通信安全的，便是华为。

2002年那次展会之后，思科首席执行官钱伯斯正式将华为列为思科在全球范围的第四代对手。更搞笑的是，**思科成立了一个打击华为工作小组，简称"打华办"**。这个小组专门设计了一个网页，让思科全球的员工讨论怎样打击华为。

思科在美国有个老对手3Com公司，3Com曾是思科在全球范围的第三代对手，但是在钱伯斯的领导下，3Com公司被思科迅速超越了。3Com的首席执行官布鲁斯·克拉夫林曾说，他那时候就听说思科要对华为动手了，他们在多个场合表示要在美国起诉华为。

其实亚特兰大通信展还未结束的时候，就已经有人开始怀疑华为的技术背景，有意识地将华为和思科进行比较，结果发现这两家的产品在外观、产品编号、功能上高度相似，甚至接受过思科培训的用户都不用再培训，可以直接使用华为的产品，由此他们推断，华为肯定抄袭了思科。

思科出于职业惯性，觉得中国的企业能开发出这么好的产品，肯定是抄袭他们的，这就发生了我们前面说的思科全球副总裁到华为指责华为，要求华为承认侵权，然后赔偿，停止销售。

在人类商业版图里，经过几百年漫长的演进，慢慢形成了一些秩序和规则。

那些站在产业链上游的公司很可怕，他们利用知识产权武器，索

大头侃人：任正非

要天价赔偿金，可以轻而易举地摧毁一家家新兴的公司。

但是，这一次思科确实找错人了。

华为说："你要觉着产品有争议，我们可以撤回来，但是我们绝对没有侵权。"思科说："你要是承认，这事儿咱就算完了；你要是不承认，咱们就没完。"华为说："承认了我也知道没完，我肯定不承认。再说，我也没犯什么事，干吗要承认？"

双方交涉无果而终，都非常不愉快。大家都明白，这仅仅是暴风雨的前兆，一场激烈的暴风雨已经在酝酿之中，真正的较量很快就要开始了。

一个是国际巨头，另一个是后起之秀，双方都不会轻易做出让步。华为一让步，就是承认侵权，那么华为的产品、形象将一落千丈，国际客户不敢再买华为的产品，因为使用侵权的产品是有法律风险的。对华为来讲，是退无可退，只有迎难而上。所以华为和思科都不再谈了，开始收集对自己有利的证据和外部资源。

华为表面上对思科非常强硬，私下里立刻对自己的产品进行体检，万一美方的指责是成立的怎么办？当时负责华为研发的副总裁费敏，带着技术小组对自家的产品进行体检，体检完，华为高层的底气变得十足，因为大家发现自家的产品跟思科的产品没有任何知识产权方面的纠纷，健康度非常高。

但思科并不接受这个结论："你们自己体检，这个结论没有公信力，我们不接受。"思科以及很多美国企业的经验就是，中国企业喜欢息事宁人，最怕惹上官司，"屈死不见官，冤死不告状"。

在中国，司法诉讼是一个成本非常高的行为，有时候受得了经济成本，却受不了时间成本，所以很多企业一看要打官司就想息事宁人，

第六章　王者之相

说"你开个价,咱别打官司了"。

思科以为华为也是这样,但是华为其实退无可退,再加上经过自己体检,发现自己的产品非常健康,华为于是挺起腰板,据理力争:你让我们撤回产品,这是可以商量的,但让我们承认侵权和赔偿,对不起,我们不接受。什么?你要打官司?那我们陪着就是了。

在交涉的过程中,华为从美国撤回了已经销售的十几台涉嫌侵权的路由器产品,但在《华尔街日报》的报道中,华为主动从美国撤出产品的举动,被当作侵权的证据。当时,美国媒体一窝蜂地指责华为一定是侵权的——在中国这么落后的地方,怎么可能出现这么高科技含量的产品?所以一定是模仿、抄袭、侵权的。

这种长期以来的狭隘观念导致美国业内一致认为华为偷了思科的技术。

美国几家最著名的财经媒体从这桩官司一开始,就对华为侵权做了确定性报道。它们甚至怀疑华为如此大的一家公司没有上市,一定有不可告人的股权安排。

3Com前首席执行官布鲁斯·克拉夫林说:"这起案件引燃了烟,虽然并未酿成火势,但你需要知道烟从何而来。让我们来看清楚,大多数美国人都认定思科是对的,而华为是错的——因为有先入为主的观念去接受这种误导。"

美国有些人说不用看说明书就可以直接用华为的产品,所以华为的产品一定是抄袭而来的。我觉得这个理由没有任何的道理,老司机不用看说明书,照样什么车都会开,因为车都大同小异,你能说奔驰抄袭了别克吗？

但是思科的工程师又找出了一个比较关键的"证据"：思科产品里有个漏洞，同样的漏洞也出现在华为产品中。这说明两者在底层架构上是一样的，这就是抄袭的证据。不但当时美国媒体这么认为，我们国内相当一部分媒体也认为华为侵犯了思科的知识产权。

华为和思科的战争还没有正式开打，舆论战就先行了，第一回合，思科完胜，成功地让社会大众和媒体相信了他们的一面之词。而且思科很鸡贼，他们专门因此拜访了中国信息产业部和深圳市政府，表明了捍卫专利技术的决心，希望得到中国政府的理解和支持。

为了向中方施压，思科利用媒体舆论，把这件事上纲上线到考验中国政府是不是真正有保护知识产权的决心和意志。换句话说，中国政府要是出手相助华为，思科就认为中国政府支持山寨产品，搞得中国政府进退两难。靠着这种手段，思科得到了自己想要的结果。信息产业部的一名官员说，政府绝对不会给华为政治上的任何帮助。

从某种意义上讲，这样做是对的。桥归桥，路归路，商业的归商业，政治的归政治，如果搅到一起，就没法转了。

那么爱国跟爱华为该怎么区分呢？有人说，我们爱国最好的方式就是去爱华为。也有人不同意，说，我不爱华为，但是我爱国，这二者不矛盾。

我觉得我们要把基本的逻辑弄清楚，一个爱国的君子可以喜欢华为的产品，但一个不喜欢华为产品的人也可以是爱国的君子。

后来，任正非在接受全世界媒体采访的时候，亲口说自家的孩子用的都是苹果的产品，但是，这能说明他们不爱华为吗？毫无疑问，他们爱华为的感情都是真挚的，他们只是选择自己喜欢的商品而已，

第六章　王者之相

仅此而已。

2003年1月24日，思科酝酿已久的行动终于实施了，思科在美国得克萨斯州东区联邦法庭对华为侵权提起了诉讼。他们的诉状很专业，长达77页，涉及专利、版权、不正当竞争、商业秘密等21项罪名。

这是华为出海以来碰到的最大挑战。自从思科全球副总裁离开华为，任正非对这场诉讼就有预料，只是没想它到来得这么快。1月24日离当年中国春节还有九天，正好是农历腊月二十一，任正非极具黑色幽默地说："哎，这是思科送给华为的一个意外的春节礼物啊。"

玩笑归玩笑，那段时间华为内部乌云密布，每个人忧心忡忡，心里像压了铅块一样。如果思科这次胜诉，华为未来很长时间将不可能进入美国市场，前期的苦心经营也会毁于一旦。

有人说，干脆我们出个奇招，把整个产品的源代码公开，让大家看一看我们的产品有没有侵权。可是这样一来，华为的商业机密暴露于天下，所有核心竞争力就没了。

"疾风知劲草，板荡识诚臣"，风雨真正到来的时候，才能看出哪些人是雄才大略、哪些人在纸上谈兵。

任正非这时候反而特别冷静，没有被这些因素干扰，他派出了大将郭平（当初就是他把郑宝用介绍到华为的，此时是华为的副总裁）到美国去，担任此次诉讼的总负责人。

临行之际，他对郭平说了十个字："敢打才能和，小输就是赢。"意思是，狭路相逢勇者胜，华为如果怯战，就没有谈和的机会。华为主动将有嫌疑的产品退出美国市场，换来的却是讥讽和嘲笑。

这次如果再过度依赖和解，华为会很被动，不但蒙辱，下场还会

大头侃人：任正非

很难堪。

任正非深深地明白和解和获取赔偿根本不是思科的目的，思科太有钱了，思科的目的是通过诉讼在全球市场遏制华为，保证思科全球独大的地位。

所以，面对思科的打压，任正非主张采取全面开花的策略：第一，用法律来制定应对的策略和方法；第二，按照美国人的方式去解决问题；第三，思科用媒体来忽悠大家，那么华为也用舆论战告诉大家真相。

就这样，华为成立了由郭平、费敏、洪天峰等数位副总裁，包括知识产权、法律、数据产品研发、市场、公关等多个部门共同参与的应诉团队，组成一个"豪华天团"。

春节之前，华为常务副总裁郭平和徐文伟赶到了美国。几天之后，李杰和华为负责国际法律事务的陈树实也随后赶到。郭平赶赴美国的时候非常匆忙，就带了两件衬衫，没想到，这一去就是半年。

就这样，于无声处听惊雷，华为和思科正式走上了擂台，开始掰手腕，锣声一响，双方开始了近身相搏。

思科的公关能力非常强大，在这次诉讼之前，思科在全球投放了1.5亿美元的广告，成功地让全球人相信华为偷走了思科的技术。思科首席执行官钱伯斯具有出色的社交才能，能言善辩，赢得了全球舆论的强大支持。甚至在中国，不少知名媒体都明显站在思科一边。

相比之下，华为就非常低调，无论别人怎么说，华为都不吭声。任正非觉得华为还没有上市，公司依法纳税、守法，对客户和员工负责就可以了，不需要抛头露面。针对外界的各种说法，华为也从不解释，于是首先在舆论上吃了大亏。

第六章 王者之相

你低调，别人却认为你是心虚，默认了。诉讼一启动，副作用就显出来了。于是任正非调整策略，安排了专门的人员和团队去做公共关系的修复和改善。

美国的诉讼过程非常漫长，都是阶段性进行的，思科对舆论的操控非常有利，每到一个阶段结束，总会有一些有利于思科的消息放出来。思科就警告华为的客户："你们再买华为的产品会有天大的麻烦，思科有可能将你们列为第二被告。"

这样一来，很多客户深感担忧，暂停了与华为的合作。另外，华为在美国请的律师团队和公关团队也认为华为肯定是有错的，华为只是在被动应付，所以在华为与思科的世纪大战初期，思科完胜，华为被打得找不到北。

更搞笑的是，后来一调查，华为在美国找的公关团队，居然同时是思科的公关团队，思科也是他们的客户，是他们的甲方，这就难免这个公关团队拉偏架。

郭平到美国后，第一件事就是把公关团队换掉，换成擅长危机公关的美国海陆律师事务所，请来美国知识产权诉讼领域的顶尖律师罗伯特·汉斯拉姆来代理华为的诉讼。汉斯拉姆非常有经验，曾代理过微软垄断案的诉讼，在业界享有盛名。

所以这次华为在美国请了两家律师事务所：一家是"武"的——思科起诉我们，我们就应诉，不怯战；另一家是"文"的——根据战况，随时准备庭外和解。

两手同时抓，文武兼备，攻防俱佳，这里就能看出任正非的厉害。

大头侃人：任正非

麻烦的是，罗伯特·汉斯拉姆也认为华为肯定有问题。律师都不相信当事人的清白，怎么去做辩护呢？在这种情况下，郭平就把汉斯拉姆请到深圳去，让他到华为看一看华为走过的路，看看华为的研发路径和技术实力。

汉斯拉姆到了中国，全面检查了华为的研发过程和技术实力，开始信服了，竖起大拇指，说，没想到华为是这么一家规范的公司，他对赢得这次诉讼充满了信心。

华为这次请到汉斯拉姆的确请对人了，汉斯拉姆很快就发现思科有一个致命的软肋——私有协议。什么是私有协议呢？就是说，国际标准组织在实现网络互联互通制定标准和规范之前，某家公司跑得快，先进入市场而形成的标准，这就叫私有协议。私有协议是用来建立市场壁垒的有力武器，容易涉嫌垄断。

在美国，垄断是一个很大的罪名，如果政府认定大企业有垄断行为，就可能对其采取拆分行动。在美国商业史上，1984年美国AT&T因为涉及垄断被分拆就是其中一例。

有了这柄高悬的德摩克里斯之剑，美国大公司都不愿招惹上垄断罪名。

行家一出手，就知有没有，汉斯拉姆不愧是知识产权领域的顶尖行家，他打蛇打七寸，建议在私有协议上下功夫，针对思科利用私有协议搞垄断行为，发起反击。

通过跟两家美国律师事务所的合作，华为学会了打破自我，主动走上前台展示自己，赢得别人的支持。华为在美国跟思科这场官司特别有意思，这场诉讼是在美国律师团队的帮助之下打赢的。

第六章 王者之相

美国的商业环境非常成熟，很少有情绪化的成分。比如这次美国律师团队帮助华为打官司，美国国内就很少有人指责汉斯拉姆是"美奸"，帮外国人打本国的企业。

华为也很给力，一方面努力与美国政府保持沟通，另一方面通过一家由美国退休高官成立的公关公司，试图消除美国政府和业界对华为所谓军方背景的误解，让他们理解思科这次打官司根本不是为了保护知识产权，而是为了阻止竞争，进一步造成思科一家独大的垄断地位。

同时，华为还邀请了《财富》《华尔街日报》的记者过来主动沟通。

在华为的努力下，天平开始倾斜，越来越多的人了解了真正的华为：从1998年开始，华为就对公司进行了国际化改造，请了一流的咨询公司做财务、流程研发、审计等服务，请了普华永道、摩托罗拉、IBM这些国际大公司做咨询，进行流程再造，这些公司在美国乃至全世界都很有公信力。

越来越多的人开始慢慢客观中立地看待这场诉讼，他们也明白了思科是"醉翁之意不在酒"，是想维持自己在全球数据通信领域一家独大的垄断地位，独霸天下。

2003年3月，美国和德国举办了两场通信展，华为本来没有参展计划，但是现在华为认为这是一个对外沟通和展示形象的极佳场合，于是高规格地参加了这两次展会，向全球客户展示华为的产品和服务国际市场的决心。

大家看到华为堂堂正正地去参展，看来华为没有心虚，节奏一切如常，于是客户慢慢恢复了对华为的信心。

大头侃人：任正非

当然，华为也不是完全孤立无援。2003年1月，思科给华为的英国代理商发函，要求其马上停止代理华为产品。没想到英国这家代理商非常强硬，回应道："思科对我们和华为的所作所为是毫无根据的，华为从未窃取思科的技术，思科的表现只能说明其对竞争的恐惧。"

这家代理商不单是强硬回应，还声称要向欧盟和英国政府投诉思科涉嫌垄断。思科紧张起来，之前一纸律师函搞定了很多客户，没想到英国还有刺儿头客户不吃这一套。但是这不妨碍思科把华为赶出北美的决心。

在这场官司开庭之前，在汉斯拉姆的引荐之下，华为又请了一个高手作为华为的第三方专家。他就是丹尼斯·阿利森，斯坦福大学的教授，也是一个数据通信专家。

华为把丹尼斯·阿利森请到华为参观研发的流程，请他从专业人士的角度对思科的IOS和华为的VRP平台进行分析比对。经分析，丹尼斯·阿利森发现，华为的VRP平台有200万行源代码，思科用了2000万行源代码，重合的代码仅占1.9%，并且重合的这1.9%也跟思科的私有协议有关，不然两者一点儿关系都没有。

在全球卖同类产品就必须互联互通，思科的私有协议根本没有办法避过去。丹尼斯·阿利森"体检"之后，华为更是底气十足。

2003年3月17日，法庭第一次召开听证会，华为抓住私有协议不放，直接攻击这一点，通过法庭和传媒告诉大众，思科妄图利用私有协议来垄断全球市场的做法既没有道理又非常霸道。随着双方争论的深入，外界对华为的了解逐渐加深，媒体的报道也渐趋客观。

思科起诉华为侵权的焦点，一个是源代码侵权，另一个是技术文

第六章 王者之相

件及命令接口相似。思科认为华为在开发这些接口的过程中采用了思科申请私有协议保护的技术。

但是随着双方辩论的深入，大家发现原来思科是凭着私有协议来阻止竞争对手的进入，凭借着垄断地位保证了70%的毛利率。70%这个数字对于硬件厂商来说是非常惊人的，并且思科只是在美国和澳大利亚申请了私有协议。

这就是说，思科在美国和澳大利亚的法律中是受保护的，但是在其他国家是不受保护的，因此华为并没有违反所在地的法律。舆论开始朝着对思科不利的方向发展了。被击中软肋的思科冷汗越冒越多，但这时已经骑虎难下，不得不接着往下打。

这时候，让思科更痛苦的事情发生了。有句老话叫"敌人的敌人就是朋友"。

思科在美国的竞争对手3Com公司一看，弯道超车的机会来了，因为早在2002年华为就开始和3Com就两家公司合资之事进行谈判。所以华为跟3Com在合资问题上很顺利就谈妥了，宣布成立合资公司，对外称"华三"公司。这个华三公司后来在打李一男的港湾的时候发挥了重要作用。

华为与3Com合资的消息传出，思科的执行副总裁非常恼火，三天都不想说话。这时候的思科与华为就像两个人打拳击，思科本以为一拳就能把华为放倒，没想到几场下来，华为就像打不死的蟑螂，不但没有被放倒，还抓住了思科的软肋，不但抓住了软肋，还叫了一个帮手过来。

华三公司的成立在美国就像扔了一枚炸弹，因为3Com公司在美国也是享有盛名的公司，主营交换机业务，创建了以太网标准，其具有前瞻性的渗透性网络理念，受到全世界的广泛认同和支持。

得知这个消息的美国民众，包括法律工作者，更感觉华为没有问题了。官司打到这个地步，无论从法律还是从媒体舆论上，思科都在步步后退，完全没有开战时的嚣张气焰。

3月24日，华为再次提交答辩，这次华为请来了重磅级的证人——3Com公司的首席执行官克拉夫林出庭做证。克拉夫林说："我以自己的名誉担保，华为的技术和实力是值得信赖的。"到了法庭外面，克拉夫林还告诉美国媒体："华为的工程师都极具天赋，他们在宽大的办公室里操纵着最新的设备和软件，他们拥有我所见到过的最先进的机器人设备。"

正式开庭时，华为前期的工作和策略开始显露效果。双方反复举证，举行过两次听证会后，6月7日，法庭驳回了思科申请下令禁止销售华为产品等要求，拒绝了思科提出的禁止华为使用与思科操作软件类似的命令行程序，基本上，思科主要的请求都被驳回了。法庭同时又颁布了有限禁令，要求华为停止使用有争议的路由器软件源代码、操作界面和在线帮助文件等。看起来法院是各打五十大板，思科被打得狠一点儿，打了七十，华为被打了三十。

双方在审判结束后，都对外宣称自己获得了诉讼的胜利。

在思科看来，这样的裁决认定了华为对思科专利公然抄袭；而华为认为，相对于思科诉状提出的8大类、涉及21项侵权指控，有限禁止令无疑意味着华为的胜利。

但是双方的官司还没结束，这只是第一关。关于私有协议的争议、双方产品的源代码是不是雷同，也成为判定华为是否侵权的关键。对

第六章 王者之相

此,思科副总裁非常有信心,说:"我们期待着审查华为的源代码。"

但是,这时候战局已经不利于思科了,经过华为和媒体的积极沟通、双方举证的不断深入,越来越多的媒体重新认识了华为。他们对华为的报道渐渐趋于正面,越来越客观,再加上法院各打五十大板、各国经销商的强烈反击、3Com公司首席执行官的证言证词、斯坦福大学丹尼斯·阿利森教授的权威结论,如果官司继续往下打,思科一点儿把握都没有。

这时候,戏剧性的一幕出现了,思科开始私下与华为接触,说,要不咱别打了,再打下去,我们就都难堪了,还是和解吧。

10月1日,双方律师对源代码的比对工作正式完成,思科发现华为的确没有抄袭自己,这个时候,和解的基础已经有了。

在华为迎战思科的整个策略里,有一个专门的团队是负责和解的。2004年7月末,双方签订了最终的和解协议,一场火药味十足的官司,就这么以体面的方式结束了。

这个结果对华为来说是值得特别庆祝的。华为被全球顶尖的数据通信公司告上法庭,最后随着双方质证和控辩的深入,华为最终顶住了思科的进攻。

此时的华为具备世界一流大公司的气质和风范,通过迎战思科,显露出了王者之相。在很多人看来,对在世纪大战中立功的英雄们应该论功奖赏。他们第一次面对强敌,敢于亮剑,智勇双全,在美国首战告捷,有力地支援了华为全球的销售阵线。

但是出乎所有人意料的是,任正非又一次表现出了他的低调。他没有让这些人出现在媒体之前,也拒绝了采访,这种做法符合他的

大头侃人：任正非

"英雄观"："管理层要淡化英雄色彩，实现职业化的流程管理。即使需要一个人去接受鲜花，他也仅仅是代表，而不是真正的英雄。"

这场大名鼎鼎的官司震动了海内外，华为因祸得福，名声大振，迅速在全球提高了知名度。它向全世界宣布，中国有一个华为敢跟巨人掰手腕，并且双方不分胜负。其实这变相地说，华为这时也是巨人。

同时，这场官司也给国内企业提了个醒，打价格战在国外是行不通的，海外市场拒绝机会主义，一切凭实力说话，只有独立研发自己的核心技术才是根本。

从2003年7月开始，华为生产的路由器和交换机等数据产品，通过3Com公司的销售渠道进入美国市场。当初对华为充满怀疑和犹豫的欧美客户下了很多订单，与华为开展了深入的合作。

即便是思科长期以来的盟友EDS（电子数据系统公司），也在2003年12月与华为签订协议，在美国销售华三生产的设备。

从表面上看，华为和思科的官司是一场关于知识产权的纠纷，实际上全方位地考验了两家公司整合资源的能力和水平。他们在媒体、客户、法律合作伙伴、政府资源等整个组合拳上开展了一场针锋相对的较量，实际上也反映了中西文化的差异。

进入国际市场做生意，就要按照国际规则来办事。任正非用了一个很通俗的说法："你到别人家做客，就不能抠脚丫子。"通过这场官司，华为学会了按照游戏规则参与博弈，用美国的方式来打赢美国的官司。

第六章　王者之相

这场官司给中国私营企业上了重要一课：

第一，要加强知识产权的保护，不要侵权。

第二，要加强合作伙伴的建设。一个好汉三个帮，一个篱笆三个桩，出门打架最好打群架，多找几个小伙伴，多个朋友多条路。

第三，要舍得花钱请最好的律师。思科诉讼华为一案中，华为请的就是美国最好的律师。据相关媒体透露，美国律师开价高达每小时630美元，最终的结果证明，华为的钱没有白花，美国律师不负所望，打赢了这场官司。

第四，一定要用实力来证明自己。和解的结果主要归功于华为用理性、平和、美国人能理解和接受的方式证明了自己。说到底，还是华为有自己的核心技术，要不然一切都是扯淡。

面对美国公司和政客的无理要求，华为和任正非没有煽动民族情绪，而是采取了世界通行的规则进行应对。事实证明，法律体系完善的国家有自己一套完整的运行机制，有自己是非曲直的判断标准。

有人开玩笑说，华为其实是用美国的方式打赢了美国的公司。

一直以来，华为都是一家虚心向美国学习的公司。英国的一家电信公司曾这样评价华为："你们不知道，华为看上去是一家中国公司，其实整个做事的风格是美国公司的风格，华为的产品研发体系是IBM帮助设计的，人力资源是HayGroup帮助设计的，组织架构是Mercer帮助设计的，财务体系是普华永道帮助设计的，销售体系是埃森哲帮助设计的，供应链体系又是IBM帮助设计的……这是一家被美国忌惮无比的公司，但又是一家学习美国成长起来的公司。"

华为在向美国学习的过程中，各种建章立制耗资巨大。

大头侃人：任正非

2014年，任正非说，近二十年来，华为花费了数十亿美元从西方引进了管理方式和方法。西方的公司自科学管理运动以来，历经百年，锤炼出现代管理体系，凝聚了无数企业盛衰的经验教训，这是人类智慧的结晶和宝贵财富，华为应该有谦虚的态度，下大气力把它系统地学过来。

任正非曾在公司内部传达过这样一段话："我们要正视美国的强大，看到差距，坚定地向美国学习，永远不要让反美情绪主导我们的工作。在社会上不要支持民粹主义，在内部不允许出现民粹，至少不允许它有言论的机会。全体员工要有危机感，不能盲目乐观，不能有狭隘的民族主义。"

"读史早知今日事，对花还忆去年人"，任正非从历史的旋涡中一路走来，他深刻地洞察民粹力量的崛起和其带来的摧毁性效应。

有家科技公司的老板感慨道："华为的100位工程师可以创造16亿元的产值，我们的100个工程师，一年创造不到1个亿。"两家公司技术人员的差距并不大，这些工程师中很多还是师兄弟，为什么会差那么远？答案就在管理上。

华为是一家把整个人类文明成果运用得淋漓尽致的公司，它在流程上借鉴和学习了西方公司，但在内核上依然保持了中华民族的勤劳和智慧。华为有哪些智慧，华为为什么能够成功，我到后面再讲。

从2000年开始，华为有三大战役要打：第一场战役是击倒港湾，把港湾收回来；第二场是迎战思科，保证诉讼结果的可控性；第三场是横扫UT斯达康。李一男事件结束了，与思科的官司也和解了，接下来，华为腾出手来，就要全力横扫UT斯达康。

第六章　王者之相

之前华为在"小灵通"业务上犯下了战略错误，判断PHS是过渡技术，而UT斯达康却凭借"小灵通"业务得以快速崛起，2004年营业收入高达213亿元。UT斯达康最初尝到"小灵通"业务的甜头以后，就已开始投入巨资研发3G，对华为形成了强大威胁。

2003年，华为正式进入"小灵通"领域，无线和终端部门得到领导授权以后，一群"饿狼"解开了锁链，嗷嗷叫着往前冲，仅仅六个月就攻破了"小灵通"技术的壁垒，并且借助强大的集成供应链系统，将"小灵通"的出货价拉到了令人震惊的300元（之前一度高达2000元）。

UT斯达康迅速被打垮，从2004年营收213亿元到2005年亏损5.3亿美元。万般无奈之下，UT斯达康忍痛砍掉了3G产品的研发，从此一蹶不振，斯达康战役就此收官。

商场如战场，残酷无情，的确如此。

在与思科的世纪诉讼中，华为凭借自身强大的实力和高超的策略因祸得福，不但没有受损，反而在全球范围内极大提升了知名度、美誉度，华为也顺势横扫UT斯达康。

经过这三大战役，华为再次找到了感觉，找回了自己的信仰和灵魂。接下来华为的目标是星辰大海！

接下来我要讲的是孙亚芳。孙亚芳是什么时候进入华为的？她对华为有什么贡献？为什么大家称她和任正非为"左非右芳"？这就是我在下一章要讲述的。

第七章

同频共振

在中国通信行业,大家都知道"左非右芳"。

第七章 同频共振

在那场世纪诉讼中,华为与思科看似打了个平手,但实际上思科输了。段位那么高的剑客,跟一个初出江湖的少年打了个平手,少年剑客已经赢了。华为名声大噪,一举成名天下知。

华为应诉的最高指挥官除了任正非,还有一位女士,她就是我们接下来要讲的孙亚芳。

在中国通信行业,大家都知道"左非右芳"——"非"是任正非,"芳"就是孙亚芳。孙亚芳在华为的紧要历史关头不但立场坚定,而且以自己的智慧、勇气为华为一路的成长保驾护航。所以,在华为只有两个人可以称"总",一个是任正非,另一个是孙亚芳,其他领导只能称名字。

孙亚芳和任正非都是贵州人,孙亚芳于1955年出生,比任正非小十一岁,1982年毕业于成都电子科技大学。

在加入华为之前,孙亚芳曾经做过技术员、老师、工程师等工作。她在华为最困难的1992年崭露头角,那时华为现金流出现严重问题,全体员工好几个月没有发工资,士气低落,军心动摇,很多人都辞职跑路了。就在这时,华为突然收到一笔货款,这简直就是雪中送炭。

华为需要用钱的地方太多了,欠供应商的货款,欠员工的工资,

大头侃人：任正非

这笔钱该先给谁呢？任正非一时也拿不定主意。这时，孙亚芳站了出来，说，应该先给员工发工资。任正非恍然大悟。就这样，员工们拿到了拖欠多日的薪水。

打仗就是这样，士气高涨的时候军队就容易打胜仗。员工一看几个月的工资一下子发齐了，以为公司有救了，于是，大家开始老老实实地干活了。之后，任正非对孙亚芳刮目相看。

在此之前，孙亚芳就表现得与众不同。任正非为什么那么看重孙亚芳？有人说是因为孙亚芳入职华为前曾动用个人关系帮助华为获得贷款，救过华为的命。

在国家机关做着体面工作的孙亚芳放弃体制内的工作，选择加入华为，勇气和头脑的确过人。

这里就显出高手和一般民众的眼光差异。有的人能展望二十年后的事情，有的人却只能看到眼前和明天的事情。在华为尚未大放异彩之时，孙亚芳就认定华为将来会有一番作为。

孙亚芳的大学同学曾评价她上大学的时候就很受欢迎，组织能力很强，经常开展班级活动，还是课代表，成绩在全班90人里排前10。毕业以后，同学找她办事，她总是很热情，哪怕有些事情难度很大，她也很热心地去办。

华为原本没有董事长这个职务，里里外外都是任正非一肩挑。到了1998年前后，华为因为营销战术、股权、贷款各种问题，受到外界铺天盖地的质疑，任正非心力交瘁，感觉对外沟通很重要，但是他自己说话直来直去，不太适合做董事长。

1999年，任正非非常强势地提出华为要设董事长一职，提议由

第七章 同频共振

孙亚芳做董事长，负责外部沟通和协调，他自己担任总裁，负责内部管理。

华为前副总裁刘平曾经写过一本书，叫《华为往事》，把这一段讲得特别清楚：

> 公司在深圳麒麟山庄召开股东代表大会。华为股东代表基本上就是公司的所有副总裁再加上几个财务部的资深工作人员。这次会议的主题是选举公司董事长，候选人只有一个，就是孙亚芳。
>
> 任总在会上亲自介绍孙亚芳的简历和工作经历。最后，任总说："我年纪大了。没有精力去处理社会上的各种关系。孙亚芳同志年富力强，善于处理各种复杂的社会关系。我将集中精力做好公司内部的管理工作。请大家选举孙亚芳为公司董事长。"
>
> 当时公司高层有一些反对意见，所以上午并没有马上表决。休会期间，任总单独找一些高层干部进行谈话，估计是做他们的思想工作。下午，进行无记名投票。在等待计票结果期间，任总显得非常轻松愉快。
>
> 计票结果，全票通过。孙亚芳正式成为华为董事长。晚宴上，任总非常开心，平时从不敬酒的他一反常态，频频向大家敬酒，自己也喝了很多。

为什么要把孙亚芳推为董事长呢？

因为自称"土老帽儿"的任正非个性非常直率，从来不云山雾罩，一说话就会把人得罪死。而孙亚芳举止优雅，比较洋派，在哈佛商学院进修过，一口英语说得特别流利，口才和风度俱佳，是一个外交高手，成为华为的一张名片。

大头侃人：任正非

之后，华为在世界舞台上蒸蒸日上，形象日渐光辉，与孙亚芳的努力是分不开的。

包括与思科的世纪诉讼大战，华为曾经巧妙地调动媒体情绪，获得舆论支持，背后的指挥官就是孙亚芳。后来在2012年国际通信技术大会上，孙亚芳英文演讲惊艳全场，口才和风度让老外们倾倒。

但是如果你觉得孙亚芳就会这两下子，那就是真的不了解她。孙亚芳不但擅长处理对外沟通，在华为的内部体系建设上也是一员悍将。董事长这个角色在中国企业中很有意思，要么是一把手，要么就是个傀儡。

但是孙亚芳既不是掌握生杀大权的一把手，也不是傀儡，准确来说，她是任正非总裁的助手、参谋和政委，特别是在任正非不愿意出面的一些场合，由她担当特使，更有利于问题的解决和工作的推进。

从这个时候开始，华为就正式进入了"左非右芳"的时代。

随着华为一天天成长和强大，孙亚芳受到的关注越来越多。2010年，她被《福布斯》杂志选入年度最有权势女性榜，是当时唯一入选的中国女性。还有人给她贴了一些标签，说她是"华为女皇"、华为"国务卿"。

其实很多人不了解，尊荣的背后是孙亚芳实打实的赫赫战绩和开拓性贡献。

华为一直讲狼性文化，狼性营销体系就是孙亚芳一手建立起来的。当时孙亚芳主管市场，她认识到当时的华为很难靠研发技术和产品的科技含量与竞争对手拉开差距，大家其实都差不多，所以建立严密的市场体系能帮助华为领先对手，出奇制胜。

第七章 同频共振

1996年，孙亚芳就着手建立华为狼性市场销售体系，最终把华为的销售体系打造成人员规模、人员素质、地域分布、销售收入都堪称中国之最的铁军，确立了自己实力派的地位。

曾在华为从事人力资源工作，也是华为先进考核体系和任职资格体系的主要参与人之一的汤圣平，曾在《走出华为》中这样描述这支队伍的特别：

> 华为的销售人员能做到你一天不见我，我就等你一天；一个星期不见我，我就等你一个星期；上班找不到你，我节假日也要找到你。华为的销售人员甚至在知道了你在哪个小岛上开会后，他也会摸过去把你找到。

任正非早期曾经说过一句话："华为的产品也许不是最好的，但那又怎样？什么是核心竞争力？选择我而没有选择你就是核心竞争力！"

靠着孙亚芳打造的狼性团队，华为先在本土打败了各个竞争对手，然后横跨亚、非、欧，甚至把市场扩大到了美国。

孙亚芳对华为营销体系的改造被业内人士分为三个阶段：

第一阶段叫土狼阶段。由于环境所限，土狼不捕食大型猎物，而靠食蚁为生。早期的华为销售人员大部分都不是科班出身，有卖酒的，有卖保健品的。随着通信行业以及华为自身的发展，客户的层次越来越高，整个销售队伍的转型势在必行。

1996年，任正非突然发出了一道指令，所有销售人员就地下岗，就地竞争上岗，开始了土狼变身之旅。大家很蒙圈，有人极力反对，

大头侃人：任正非

但是以孙亚芳为首的市场营销团队率先表态支持，集体辞职。

就这样，兵不血刃，让整个华为的销售队伍完成了一次升级和转型，进化到第二个阶段——狮子阶段。狮子是草原之王，如同狮子用尿液圈定领地一样，华为培养出了一批善于分割市场、经营领地并能协同作战的狮子型营销干部。他们接受市场的洗礼，迅速成长为具有全球视野的行业精英。2008年，华为营收超过1000亿元，狮子型团队模式为华为的发展立下了赫赫战功。

第三阶段就到了大象阶段。大象身躯庞大，团体出行，抗风险能力特别强。它们不以其他动物为食，不伤害其他动物，关注的是战略的合作、卓越的运营和风险的管控。这样，一批研发和服务型干部就被塑造出来了，他们站在运营商的立场去思考问题，结合行业趋势，创造概念和产品，是制造订单的人，而不是被动地接受订单。

这样的订单一般都是几十亿元的金额，而且订单从头到尾始终掌握在华为手中。从2012年开始，华为开创性地把这种营销方式运用到企业客户和个人客户身上，形成了三个象群，为华为的全球化发展打下了基础。

所以说，孙亚芳亲眼见证且亲手推动了营销团队从土狼向狮子再向大象的演进，实现了整个营销团队的脱胎换骨。

孙亚芳本身就是学通信专业的，她对行业的发展保持着清醒的认识，很早就提出："只有运营商赢得利润和生存能力，设备供应商才能生存。因此，昔日竞争对手可以成为合作伙伴。"基于这种理念，华为不断与业界通力合作。到2018年，华为全年销售收入7212亿元人民币。

再说回1996年华为市场部的自我革命——下岗后竞争上岗。时任

第七章　同频共振

市场体系总负责人的孙亚芳对任正非的决策给予了全力支持，她亲自带领团队的26个办事处主任，同时向公司递交了两份报告——一份辞职报告、一份述职报告，由公司视组织改革后的人力需要，具体决定接受每位递交报告者的哪一份报告。

任正非特别感谢孙亚芳，有一次评价说："市场部集体大辞职，对构建公司今天和未来的影响是极其深刻和远大的。如果没有大辞职所带来的对华为公司文化的影响，任何先进的管理体系在华为都无法生根。"

时移世易，时代在发展，**过去的成功经验可能就是今天的毒药**。华为对员工的待遇非常好，只要有钱就发给大家，有的人一年能调12次工资，每个月都在涨工资。随着华为的发展，部分员工和干部渐渐有了压力不足、小富即安、得过且过的心态。

到了1999年，市场部的副总裁们就酝酿着再来一次1996年就地免职、全员竞争上岗。他们把方案报到了孙亚芳那里，没想到孙亚芳斩钉截铁地否决了：

> 竞聘是那时我们因为无法准确判断一个人不得已而为的特殊做法，是小公司的做法。华为这几年人力资源评价系统已经比较完备，我们应该通过体系运作来考察干部，"压力不足"是因为我们没有执行评价体系而不是因为没有发起竞聘。

这几句话对那些副总裁震动很大。这种判断和见识展现了孙亚芳的果断和与时俱进。在孙亚芳的领导下，华为随后将任正非"以奋斗为本"的管理哲学转化为一套先进的人力资源体系，清晰明确，可以

大头侃人：任正非

落地执行。

孙亚芳不只管营销和外交，她对华为的研发体系也有贡献。

1997年，任正非率领公司高层去美国考察，回来之后写了篇文章《我们向美国人民学习什么》。他发现美国经历了几百年的发展，有很多需要我们学习的地方，而华为经过这几年的野蛮生长，人越来越多，订单也越接越多，他自己管不过来了，甚至不知道接某个订单是赔钱还是挣钱。

在与IBM董事长兼首席执行官郭士纳的交流中，任正非发现IBM有一套非常成熟和完善的做法，决心把这套管理体系引进华为。IBM也毫不含糊，引进可以，但是要付费，并且费用非常高。

据说，IBM报价的时候多报了一倍的价格，等着华为还价，但是任正非没有任何的讨价还价，这让郭士纳非常震惊，后来给自己的秘书说了一句话："好好教！"

为了配合改造，任正非还把华为大楼进行了改造，蹲坑变成了马桶，搞了一些小西餐厅，让那些美国专家能够更好地适应中国。但是这套洋和尚念经在华为内部遭到了广泛的抵制。很多人说："过去我们没有这些洋人，生意照样做得好好的，现在干吗听他们的？老板的做法是想给每个人戴上紧箍儿，我们就是孙悟空，不想戴紧箍咒。"

这时候，又是孙亚芳挺身而出。她作为前线总指挥，牵头引进了IBM的集成产品开发体系和集成供应链管理系统，启动了华为业务流程的大变革。这个大变革非常了不起。过去，华为的成功靠的是人，靠最前端的市场销售人员，靠土狼—狮子—大象模式把产品卖出去；从这以后，华为的成功靠的是后端的产品开发和供应链。

第七章 同频共振

在华为所有部门中，市场、研发和人力资源是最核心的部门，孙亚芳都先后主管过，并且做出了卓越的成绩。所以，孙亚芳是通过长年累月的成功和优秀，向大家证明了她的能力，这才是她在华为一人之下、万人之上的真正秘密。

这个"万人"是实话，华为有几万名员工，公司几位副总裁都需要直接或间接地向孙亚芳汇报工作，一些关键的中高层人员的任命和重要文件，只要孙亚芳看过同意，基本上就通过了。汤圣平在《走出华为》一书中描述道：

> 在华为，只有孙对直接下属的训斥和任正非有得一比，甚至对于很多人，孙亚芳比任正非更加严厉。在我所经历的场合除了副总裁徐直军敢和孙顶几句外，其他人对她向来都退避三舍，从不正面顶撞。

华为从来不缺功勋卓著的"封疆大吏"或者"一方诸侯"，为什么只有孙亚芳可以与任正非平起平坐、比肩而行呢？

工作能力强只是一个方面，最关键的是孙亚芳最懂任正非。

任正非这个人视野很开阔，学习和观察新事物的能力很强，但是脾气暴躁。因为任正非多年深受抑郁症的折磨。有时候任正非觉得下属很难领会他的意思，就很着急，骂他们笨得像猪一样。

但孙亚芳不一样，任正非一说什么事，孙亚芳马上就能懂。人与人之间，最难得的是"懂"字，贵在相知，这是千金不易的。任正非一生坎坷，没有多少朋友，对外也很少交流，业余唯一的嗜好就是阅读。好不容易拼到华为走上正轨，又高处不胜寒，没有人懂他，他很孤独。

大头侃人：任正非

但人是社会性动物，需要灵魂上更靠近、更安全的朋友，特别是李一男出走以后，任正非更需要这样一个朋友，孙亚芳恰恰就是。

在很多事上，任正非只要一说，孙亚芳马上就懂，立刻去办，并且办得很漂亮。在华为，任正非像一个威严的班主任对待自己的学生一样，经常给下属留"命题作文"，孙亚芳也是她最得意的"学生"。

1998年，任正非给几个高管随机出了一道命题作文，让他们写一下最近的感受。孙亚芳洋洋洒洒，写得很漂亮，任正非特别赞赏。

孙亚芳的"作文"中有三个观点：第一，在知识经济时代，社会财富的创造方式发生了变化，主要是由知识和管理创造的，因此要体制创新；第二，要让有个人欲望成就者成为英雄，让有社会责任感的人成为管理者；第三，一个企业长治久安的基础是接班人承认公司的核心价值观，并具备自我批评的能力。

任正非一看，这都是他想说的。后来，孙正芳的这三个观点被任正非引用到一篇文章里，题目叫《华为的红旗到底还能打多久》。

有一次，孙亚芳去以色列考察，回来以后写了篇文章《探索以色列崛起之谜》，内容非常深刻，被任正非指定为《华为基本法》的辅导报告之一。

孙亚芳在一次干部工作会议闭幕时的讲话《小胜靠智，大胜在德》还被刻上石碑，立在华为的总部，可见孙亚芳在华为的位置。任正非和孙亚芳都喜欢用战争方法论来论述华为的市场得失及公司战略，这叫同频共振、高度默契。

任正非的母亲程远昭出车祸的时候，孙亚芳第一个赶到现场；集

第七章 同频共振

体辞职遭受大家反对的时候,孙亚芳第一个挺身而出;李一男背叛以后,孙亚芳主持了"打港办"的工作,并且对任正非说,以后华为不要这种力挽狂澜的英雄,要有英雄的制度和企业,不要有英雄的个人。

后来华为加班员工过劳死,引起外界种种猜疑和谴责,内部人心动荡的时候,又是孙亚芳站出来写了一篇文章安抚军心。

孙亚芳不但懂任正非,而且立于行,但是,这并不意味着她在任正非面前是一个唯唯诺诺的人。

华为的老员工讲过这么一个故事:有一次,市场部的高层开会,讨论市场策略和人力资源相关的事情,孙亚芳当时也在座。突然间,任正非从外面走进来,不管三七二十一,站在那儿就开始发表观点:"你们市场部应该选那些有狼性的干部,比如说×××,我认为这样的干部就不能晋升。"他说完之后,会场鸦雀无声,大家尽管内心都不赞成,却不敢顶撞老板。

任正非话音刚落,孙亚芳直接怼了回去,一秒钟都没耽搁:"老板,×××不是你说的这个样子,你对他不了解,不能用这种眼光来看他。"

结果,任正非的表现也挺有趣,他说:"这样啊,好吧好吧,你们接着讨论,我走了。"任正非在会场公开批评的×××,后来从办事处主任高升为高级副总裁。

时光是一个很神奇的东西,大江东去浪淘尽,转眼二十年过去,放眼中国,很少有像任正非和孙亚芳这样二十年里一直是最佳拍档的组合。

所以说孙亚芳的出现是华为的幸运,也是任正非的幸运。

大头侃人：任正非

2011年4月17日，华为在官网上公布了一个消息，解释董事会和监事会成员名单。这个名单显示，公司出现了一个新的常务董事和首席财务官，她的名字叫孟晚舟。华为的最高权力机构里出现了一张新面孔，这对华为意味深长。

2013年，阔别已久的郑宝用回到了华为。

大家还记得郑宝用吗？就是帮助华为开发第一个产品的"阿宝"，李一男的师兄，是华为历史上功勋卓著的天才技术员。

郑宝用对技术华为的形成起到了至关重要的作用。任正非不懂通信技术，但是他有非凡的创业思维和领导能力，加上郑宝用的跳跃思维和创新能力，两者完美结合，所以华为不到十年就做到了国内领先。

2002年，郑宝用患上了脑癌，去美国治病，一度淡出了公司。2013年，阔别已久的阿宝回到华为了。用老百姓的话说，天佑华为，华为真是一家命硬的公司，神一样的公司，一把手和二把手都得了癌症，却硬生生地治好了。特别是任正非，两次癌症都治好了，所以人们对华为真是不佩服不行，觉得华为简直是得到上苍眷顾和庇护的公司。尽管经历了很多风雨飘摇，但是华为越来越强大，过往那些病痛让它变得更强壮了。

郑宝用这个时候归来，其实是意味深长的安排。老的掌舵人退位，就需要给接班人安排辅政大臣，扶上马送一程。郑宝用这时候的角色就有一点儿辅政大臣的意思。郑宝用在美国治疗一年以后，疗效显著，于是开始负责华为"蓝军"的工作。他通过模拟和研究竞争对手，为任正非和华为EMT（执行管理团队）提供战略建议。

他最大、最突出的贡献，就是在2008年力阻任正非出售华为终端业务。那段时间，华为手机卖得并不好，任正非很后悔，不想做终端业务了，认为华为应该坚持主航道发展战略，不应该造手机，干脆卖掉算了。于是华为与贝恩等私募基金谈判，准备卖掉终端业务。华为"蓝军首长"郑宝用拿出了报告，说，不可以，通过我们的研究，未来的电信业将是客户端、管道和云三位一体，终端决定了需求，如果我们放弃终端，就放弃了华为的未来。

郑宝用的话，任正非特别听得进去，他经过再三思考，觉得郑宝用说得对，就把出售终端这件事放下了。这为华为后来组建余承东团队，为华为手机的转型留下了余地。

2008年后，郑宝用就慢慢淡出了人们的视野。人们特别想念他，因为这个人有江湖豪气，敢当面顶撞任正非，并且没有架子，和下属打成一片，任何人都可以开他的玩笑。他经常当着下属的面挽起袖子，展示自己粗壮的胳膊，津津有味地讲他和地痞流氓打架的故事，他还经常邀请下属到家里吃饭、下棋，所以大家很喜欢他。在老一辈的华为人中间，郑宝用有超高的人气和威信，任正非也对他特别赏识。

从某种意义来讲，郑宝用是华为的恩人。在早期的产品研发过程中，他和李一男珠联璧合，为华为走向全国领先立下了汗马功劳和不世功勋。

在华为所有高层里，只有郑宝用才跟任正非没有任何距离。华为前工程师李剑波回忆，高层开会，任正非会在开会之前说："今天谁先讲一个笑话？宝宝，是不是轮到你了？不然你来讲一个？"

"宝宝"两个字，也可以看出任正非和郑宝用的确亲如兄弟，当年任正非特别忙，没空管孩子，就把儿子任平交给郑宝用看管。

任平的学习成绩不好，有一次考了60分，就按捺不住内心的狂喜，

大头侃人：任正非

给父亲任正非打电话报喜。任平很调皮，经常闯祸，郑宝用刚开始对他是口头教育，后来一看他实在不听，就用皮带伺候，不拿任平当外人。所以，任平是郑宝用和任正非两个人一手带大的。

2013年，淡出华为的郑宝用为什么回来了？

就是因为孟晚舟出任了华为的高管——首席财务官、董事会成员。她需要顾命大臣辅佐。谁最合适呢？显然是郑宝用，往日的一桩桩一件件历史功绩，证明他堪当大任。

第八章

走出去，活下去

"国际化"这个词看起来光鲜艳丽,对华为来说,意味着华为年轻人的青春、汗水和牺牲。

第八章 走出去，活下去

2000年前后几年，华为的日子很不好过，每次遇到困难，华为都是靠一口气撑了过来。经历了李一男事件、迎战思科、横扫UT斯达康这三大战役以后，华为基本上没有致命隐患，开始了大杀四方的征伐，第一个对手就是加拿大的北电公司。

北电公司是加拿大非常有名的通信设备制造商，其产品技术非常先进、性能很稳定，曾在20世纪90年代盘踞在中国市场，稳如泰山。

1997年，华为便与北电正面交锋过。应该说当时华为的产品没有任何优势，但是华为这帮"土狼"发现，北电的技术研发全部在国外，设备都是国外进口的，一旦出现问题，售后响应非常差。反应速度慢，不能提供优质的售后服务，这就是北电的弱点。

华为抓住这个弱点针锋相对，建立起快速反应机制，客户有什么需求，华为的技术人员就第一时间赶到现场解决问题。就这样，华为靠着这种"技术不够，服务来凑"的打法，使自己的竞争力上了一个台阶。

北电也不是吃素的。为了能够更好地为中国的客户服务，满足中国市场的需求，北电在北京、广州设立了研发中心，为国内外市场开发世界一流的电信产品和技术。

大头侃人：任正非

2006年9月，北电宣布将UMTS无线接入业务出售给阿尔卡特朗讯，并扬言将备战4G时代，但当时3G正当时。同年11月，迈克·扎菲洛夫斯基就任北电全球首席执行官，领导北电走上了快速转型之路。

2007年4月，北电宣布在上海建立亚洲第一个全球运营卓越中心，该中心将提供战略采购、供应链运营以及订单处理能力等全套服务。同年11月，位于北京的中国北电园正式启用，迈克·扎菲洛夫斯基称，中国北电园区投入使用，是北电在中国发展的又一个里程碑，中国市场对于北电具有重要意义。

虽然北电在中国市场的策略做出诸多调整，但是华为产品已逐渐深入人心，北电还是被华为的"组合拳"打得节节败退，市场占有率下降，颓势渐显。

2008年12月，华为与爱立信等竞购北电的以太网业务，虽然因为各种干预不了了之，但北电在大约一个月后宣布进入破产保护程序，将旗下业务陆续出售。

在对战北电的同时，华为也在与朗讯较量。 提起朗讯，很多人不太了解，但朗讯的贝尔实验室全球知名。这个实验室已培养出11位诺贝尔奖得主，影响人类现代生活的晶体管、激光、移动电话技术、UNIX系统、C+语言等都出自贝尔实验室。

朗讯的前身是AT&T，即美国电话电报公司——地球人通信行业的开拓者。后来因为AT&T太庞大了，雇员达到了100万，资产达1600亿美元，占有美国市场80%的份额，成为美国通信行业无与伦比的巨无霸。我们在前面讲过，美国政府特别担忧企业一家独大，形成垄断地位，于是司法部和联邦政府依据《反垄断法》，把美国AT&T肢解了。贝尔实验室的主体以及AT&T的设备制造部门脱离AT&T，成为朗讯科技。

第八章　走出去，活下去

就像故事里的屠龙少年，当他屠掉恶龙，自己也变成了恶龙。比如在当下中国，企业界百花齐放，繁花似锦，烈火烹油，各路人马各显神通。但是随着时间的推移和市场的淘汰，BAT（B指百度Baidu，A指阿里巴巴集团Alibaba，T指腾讯公司Tencent）这三家企业逐渐成为中国最大的三家互联网公司。它们除了主营业务之外，还进行大量的投资业务，慢慢地，大树底下无小草了。这三家公司都太庞大了，显然不利于中国创业生态和企业的发展。因为一垄断，效率就会低，没有动力，谁愿意往前走呢？只有存在竞争，各个公司才能打起精神来，有更好的发明创造。

20世纪90年代，作为老牌的通信公司，朗讯在全球呼叫中心业务方面的市场占有率最高，在技术领域和一些顶级的世界公司保持着密切的合作关系，大多数客户也一直使用朗讯的产品。在中国的非通信市场，朗讯也是第一位。2000年，华为在国内通信市场上已经占有相当的分量，与朗讯的正面对决不可避免。

华为与朗讯开战是在2000年中国银行的一个全国性呼叫中心项目上，项目的承包商是IBM。朗讯与IBM、中国银行是多年的合作伙伴，根据惯例，中标者非朗讯莫属。这个时候，华为杀了出来。华为经过周密的策划，到各地做公关活动。一名曾经参与此次行动的华为人说："我们找了中国银行总行的行长，做了一些工作，但是这些工作都是可以拿到桌面上的。尽管难度很大，但是我们最终还是把总行攻下来了。"

就这样，此战朗讯失利了，从此节节败退，被华为打得丢盔弃甲，上百次的交锋，几乎都以朗讯失败告终。最后朗讯的销售团队看到华为的人就头皮发麻，说，这帮土狼又来了，这帮狮子又来了，这帮大

大头侃人：任正非

象又来了。

到了2006年，上海的贝尔阿尔卡特公司对国内外媒体发布消息，阿尔卡特和美国朗讯合并，阿尔卡特公司以111亿欧元（约合134亿美元）收购朗讯科技公司，双方成立一家新公司，改名为阿尔卡特朗讯。这意味着朗讯从此在这个世界上消失了。

华为在国内市场横扫国外的顶尖电信公司，打得它们节节败退，但是在深圳，华为碰到了一个强有力的竞争对手——中兴。

1995年国家出台了一系列扶持民族通信产业发展的政策，推动了国内通信企业的迅速发展，其中最为突出的是巨龙、大唐、中兴、华为这四家，简称"巨大中华"。这"四兄弟"并肩作战，夺回了国内通信市场上被外国巨头垄断的"半壁江山"。

然而，并肩作战的过程也是"四兄弟"相残的过程。最后，巨龙和大唐渐渐落后，在很多合同招标中，只剩下中兴与华为这两个"冤家"双雄对决。

中兴的创始人是侯为贵，大任正非三岁，出生在陕西西安。1985年，他带着几个技术人员到深圳创业，吃尽了苦头，最后闯出一片天地来，一点点地把中兴做了起来。

应该说，在很多年里，中兴都称得上是华为非常合格的对手，两家企业一个在东头，另一个在西头，虎视眈眈。它们有相近的抱负，企业定位和技术开发能力都很接近，彼此交换领跑，这阵子你领先了，下阵子又换成我领先。

1998年，两家正式交火。为了争夺市场份额，华为办事处的销

第八章　走出去，活下去

售人员将华为和中兴的交换机产品各个指标做了一个比较说明，散发给客户。当然，这个比较肯定有利于华为，不利于中兴。中兴知道以后非常生气，说，怎么能这么干呢？太缺德了，背后捅刀子算什么好汉？中兴以牙还牙，也搞了一个电源产品比较说明，当然，这个比较说明肯定有利于中兴，不利于华为。这样一来华为又不干了，来了个先下手为强，抢先一步把中兴告上了法庭。中兴蒙圈了，说，这什么套路啊？你先打了我一拳，我还了你一脚，你马上就去告状了？中兴不服气，也去告状。双方就在异地诉诸公堂，开始打官司。

双方打来打去，两家法院将他们各打五十大板，不过华为挨板子挨的更多一些。直到现在，中兴的员工提起这场官司还很气愤，好在华为被罚得更多，中兴多多少少心理能平衡一些。

当时有媒体人评价这件事，就把两个首席执行官的名字嵌了进去，说"侯为贵以和为贵，任正非是非不分"。侯为贵是个专心于技术的知识分子，精于研发，他就一直想不通，华为怎么能把中兴告了呢，明明是华为挑衅在先。侯为贵不知道的是，任正非就是靠这个机会来打击对手，提高知名度。

在营销上有个词叫借势营销，任正非理解得非常深刻，将它发挥得淋漓尽致，把技术出身的侯为贵搞得很痛苦。有人说，侯为贵是典型的东方企业家，在积极地向西方学习，任正非则接近西方企业家，但更了解东方人的智慧。侯为贵一贯比较谦和，做事求稳，想把这个行业做得稳当一些，靠技术打天下。任正非看上去像个大老粗，大大咧咧，其实是粗中有细。他天生就有商业思维，有危机感，整天嚷嚷着说华为的旗帜到底还能打多久。不管侯为贵愿不愿意，碰上任正非这种对手，想退避三舍根本退不开，只能与他贴身肉搏。

大头侃人：任正非

在华为，听到最多的词是奋斗、速度、冲刺、破釜沉舟、活下去、自我批判等具有刺激性的词语。因此华为的规矩很严，一切按照制度来说话。

有一次，任正非上班忘了戴工作牌，结果门卫不让他进。任正非跟门卫说了很多好话，门卫死活不让他进。任正非一看，这小子行，能坚守原则。他特别高兴，又开车回家拿工牌，最后重重嘉奖了那名员工。

相比之下，侯为贵身上有一种知识分子的斯文和工程师的严谨，他温和、不张扬，很得中兴员工的爱戴。

两位创始人的特质也影响了各自的员工。有人开玩笑说，侯为贵喜欢授权，任正非喜欢集权。所以，只要是成群结队，不用问，一定是华为的员工；如果单枪匹马，那就是中兴的员工。

华为的员工出去，一水的西服正装，商务范十足，眼睛里冒着光，像狼一样；中兴的员工都是慢条斯理，一看就是读书人，中兴的办公区其乐融融，没那么严格的上下级界限和商务范。

从规模上来看，初时两家的差距不大，快速拉开主要在1996—2000年。2000年，华为的销售额是中兴的两倍多。从2001年开始，中兴开始扭转局势，与华为的距离越来越小。双方为了抢市场，无所不用其极，中兴经常处于被动局面。

中兴人讲过一个例子："有一次，我们国外的客户来了。华为的人不知道怎么得到了消息，就冒充中兴的人跑到机场去抢客人。幸好我们很快就发现了，也立即冲了上去。"

第八章 走出去，活下去

这对"欢喜冤家"最后爆发了非常血腥的价格战，两败俱伤。特别是在海外竞标的时候，往往以低于成本价的价格成交。很多老外特别喜欢华为和中兴，一发标，只要这两家一来，标价就好看了，一定会低于成本价。特别是到了印度，双方打得更是难解难分，最终拿下了印度电信市场的30%，三分天下有其一。

结果印度人生气了，说，你们这个搞法，刚开始我们还挺高兴，好像是我们省钱了，但是你们把我们的市场都占满了。于是印度就搞了反倾销政策，从2009年12月8日开始，印度财政部宣布将对原产于中国的同步数字传输设备征收临时反倾销税，最高为产品进口价格（CIF）的236%，华为的税率为CIF的50%，中兴的税率为CIF的236%。

中兴和华为的价格战非常血腥，从国内转向国外，亚、非、拉美都是他们血拼的战场，双方打得一塌糊涂，影响到整个行业形象和产业利益。后来有关部门就把这两家企业的负责人叫到一起，说，你们这个搞法不行，兄弟阋墙，亲者痛，仇者快，你们要在国外打出市场水平来。后来华为和中兴也慢慢淡化了这种竞争。

在国内基本找不出像样的对手，华为的眼光又投向了国际市场。

华为出海之路并不平坦，但对于华为来说，再难走，海外之路也必须走下去。

2012年，华为副董事长郭平解释华为当年为什么一定要"走出去"，曾用了一句饱含辛酸的话来概括：**"走出去，是为了活下去。"**

华为之所以在这个时候出海寻找机会，跟国内市场连遭失利不无关系。1998—2002年，是中国通信市场竞争最激烈的一段时间。当时

大头侃人：任正非

中国移动正在密集投资2G（GSM路线），每年释放出巨额投资，但这些资金基本上都被爱立信、摩托罗拉、诺基亚等外国通信公司收入囊中。而华为虽然在1998年已经研发出GSM产品，但因为产品不够成熟，始终无法打入重点市场。

更为关键的是，外企对手已经开始全面围剿华为。他们吸取固网电话市场被"巨大中华"打败的教训，只要华为和中兴研发出某款新产品，他们就联合进行大幅度降价（如果没有国产设备，就继续卖高价），来阻挡两家公司拿单。当时，广东移动的GSM扩容这样一笔订单高达上百亿元，华为却一毛钱都抢不到。

然而，在这段时间，任正非连接做出了三个错误的判断：

第一，过早放弃了CDMA IS-95（联通2G路线），押宝GSM（移动2G路线）却收入寥寥。结果，华为的GSM设备无法突破外国公司的围堵，只在部分边缘省份拿到一些订单，收入寥寥，只能被迫去海外寻找市场。而当听说联通要投资CDMA时为时已晚，华为在2001—2002年联通第一、第二期招标时败北。

第二，早期错失"小灵通"几百亿元的市场。任正非对"小灵通"技术一直很鄙视，忽略了当时中国电信曲线进入移动市场的热切渴望，亲自否决了"小灵通"项目，结果UT斯达康异军突起，与中兴凭借"小灵通"大赚特赚，风光无限。这是一直奉行"以客户为中心"的任正非的一个重大失误。

第三，拒绝做手机。如今的华为手机如日中天，P系列、Mate系列、荣耀系列畅销海内外，但极少有人知道，任正非曾经是最强烈反对华为做手机的人。曾经有高管小心翼翼地建议华为做手机，结果任正非怒火冲天，猛拍着桌子说："华为公司不做手机这个事，已早有定

第八章 走出去，活下去

论，谁再胡说，谁下岗！"

这三个失误，让历年高歌猛进的华为在2002年出现了第一次负增长。投入巨大的无线产品线（GSM和WCDMA）在国内拿不到多少订单，华为只能向海外拓展。

而看似广阔的海外市场，早已被国际顶尖的通信公司占满了，准入门槛高，进入难度大，只剩他们不愿意去的亚、非、拉广大"农村"地区，这给了华为机会，让华为得以复制国内"农村包围城市"的成功战略。

其实早在1994年，华为就瞄准了俄罗斯，准备出海。俄罗斯地处北极圈附近，气候单调，冬季寒冷漫长，冰天雪地。这个时候的俄罗斯，政坛动荡，刚刚经历了西方的"休克疗法"，经济一退千里，一片萧条。

但老话说，瘦死的骆驼比马大，俄罗斯虽然经济衰落，但"老大哥"的身价却还在，从骨子里就不看好华为。华为在国内小有名气，但放到国际上还是名不见经传。所以，华为的俄罗斯开拓之路极其艰难，有时候半年都见不到一个客户。

1996年，华为的高级副总裁徐直军带着几名高管去俄罗斯，希望见见客户，以推广华为的产品，但是他待了两周，连客户的影子都没见着。后来，俄罗斯一家大型企业软件业务的负责人抽时间见了徐直军一面，第一句话就是"俄罗斯根本不会用任何新的交换机，所以不可能与华为合作"。

当时，俄罗斯政局动荡，许多官员走马观花似的换来换去。政局

大头侃人：任正非

如此，做生意也没有保障，很多跨国公司都放弃了俄罗斯市场，从俄罗斯撤资。但是华为没有放弃。

1996年6月，第八届莫斯科国际通信展开幕，任正非参加了这个展会，他意识到俄罗斯蕴藏着巨大的市场。在俄罗斯，电信普及率很低，市场需求却很大，这就是华为的机会。

理想很丰满，现实很骨感，哪怕任正非亲自出马到俄罗斯宣传华为也无济于事。那些年，中国的假冒伪劣小商品充斥俄罗斯市场，对"中国制造"的声誉造成了致命伤害。

华为负责展会的员工说，那时候莫斯科大街上几乎所有的商店门口都竖着一个牌子，上写"本店不出售中国货"，在展会上也是如此。俄罗斯客户觉得"你们连轻工业产品都造不好，高科技就更玩不好了"，一听对方说是中国人，便扬长而去。

1998年，俄罗斯遭遇了金融危机，整个电信行业的发展都停滞了。在多数人看来，俄罗斯的生意基本上到头了。坚持了几年，华为一毛钱的生意都没有做成，白白浪费了大量人力物力。

俄罗斯天寒地冻，看来华为的根是扎不下去了。但是任正非的拗劲上来了，今年不用，明年还不用吗？明年不用，后年还不用吗？板凳要坐十年冷，华为等得起。他一声令下，调来了得力干将李杰。

当时李杰在华为的湖南区做领导，正做得风生水起，任正非一个命令就把他调到了俄罗斯。领导指哪儿，李杰打哪儿，他离开中国的时候就带了一箱子书，只有一个感觉，就是背井离乡，特别孤独。

还有哪里比俄罗斯的天气更恶劣、更寒冷吗？李杰说有，那就是

第八章　走出去，活下去

1998年前后的俄罗斯电信市场。"传来的消息中是有多少运营商即将倒闭，有某某对手退出了市场的争夺，有打官司的，有清理货物的，官员们走马灯似的在眼前晃来晃去。"

中国通信市场红红火火，换到俄罗斯，连历史好像都被冻住了，没有需求，没有客户，没有希望，只有无尽的寒冷和黑夜。

一开始，李杰也不信邪，他把国内彪悍的"土狼式"打法带到了俄罗斯，鼓励员工说，我们把俄罗斯的每个角落都跑一遍，竞争对手吃饭、睡觉、滑雪的时候，跟家人团聚的时候，我们用来攻守阵地，一定能闯出路来。

就这样，李杰和他的团队天一亮就跑出去，有时候天黑了还回不来。

功夫不负有心人，几个月后，李杰终于拿到了一个销售订单——几个电源模块，订单金额38美元……这件事真是让人喜忧参半。喜的是，华为终于开张了；忧的是，华为从来没有做过这么小的单子，"高兴中更多的是凄凉"。这一年，李杰和他的团队就签了这么一单，38美元，宣告了"华为还在"。

第二年，李杰和他的团队又是一无所获，连38美元的单子都没有签到。这个时候，大家都动摇了，说，撤吧，这种兔子不拉屎的地儿，没有任何希望了。

华为"土狼"有敏锐的嗅觉，不屈不挠，有奋不顾身的进攻精神和群体奋斗的意识，到了俄罗斯，却不得不向现实低头，变成了冬眠的北极熊。不是他们不努力，而是英雄无用武之地，市场如此冷淡，他们也无可奈何。

大头侃人：任正非

任正非还是不信邪，不但不撤资，还要加大在俄罗斯的投入。

华为员工，关键时刻就是不掉链子。按理说，在俄罗斯受到的打击够大的了，一个团队两三年拿了一个38美元的单子，其他一无所获，一般人的意志早就被击垮了，但是任正非这个头狼带着一群狼依然不屈不挠。

就这样，李杰比以前更勤奋，日复一日到处推广华为的产品。他在俄罗斯招了人，送到深圳培训，培训完送回俄罗斯继续开展业务。

慢慢地，在不断的客户拜访中，他结识了一批俄罗斯运营商的管理层。这些人觉得华为这帮人太逗了，跟叫花子似的，连着几年，天天在他们面前晃来晃去，过来喝杯茶，整杯伏特加，没生意也不走。但他们心底还是挺服气华为员工的，双方慢慢建立了信任，增进了了解。

苦心人，天不负，很快，转机就到来了。2000年以后，俄罗斯政局越来越稳定，经济持续转暖，华为前些年的积累终于到了暴发的时候。2000年，华为斩获乌拉尔电信交换机和莫斯科MTS移动网络两大项目。

2001年，贝托华为获得了俄罗斯邮电部认证许可的俄罗斯国产厂商的殊荣，华为还与俄罗斯国家电信部门签署了上千万美元的GSM设备供应合同。2003年，华为承建了俄罗斯3797公里超长距离320G的彼得堡到莫斯科国家光传输干线的订单，这一年在俄罗斯终于实现了销售额过1亿美元的目标。

2004年，华为在独联体的销售额达4亿美元，第二年增长到6.14亿美元！到2007年，华为终于成为俄罗斯电信市场的领导者之一。

第八章 走出去，活下去

华为在俄罗斯的漫长等待和耕耘，就是华为海外开拓的范本。走出去，华为人才发现："当我们走出国门拓展国际市场时，放眼一望，所能看得到的良田沃土，早已被西方公司抢占一空；只有在那些偏远、动乱、自然环境恶劣的地区，他们动作稍慢，投入稍小，我们才有一线机会。"

华为人告别故土，告别亲人，奔赴海外，像群狼一样，用足够的耐心和奋勇一搏的精神，拼死打开了国外市场。不论是疾病肆虐的非洲地区、硝烟未下的伊拉克、海啸过后的印度尼西亚，还是地震灾区阿尔及利亚，都留下了华为人奋斗的身影。

这些偏远落后地区，国际大公司是看不上的。华为迅速抓住这些机会，趁机把这些"芝麻"都捡了起来。但不要以为捡芝麻很容易，实际更为艰难。由于文化背景、生活习惯等方面的差异，华为人遭受了无数的白眼和冷漠，开拓市场很不顺利。

当时负责开拓非洲市场的邓涛讲："刚到非洲，面对25个国家、4.5亿人口、地盘差不多是中国两倍的一个陌生市场，没有人知道华为公司，甚至都不太了解中国，一切都要从零开始。"

当地很多人不相信中国拥有自己的技术，怀疑这是发达国家的技术，只是在中国加工生产的。他们往往诧异地问："这真的是中国人自己生产的吗？"因此华为初期参加非洲的电信项目招标，总是胜少败多，华为人只好屡败屡战，直到打破零的纪录。

这里给大家讲一段小插曲，看看华为的员工是在多么艰难的情况下求得生存的。

2003年，华为员工范思勇乘飞机到非洲的布隆迪。下飞机以后，他很震惊地发现整个机场海关静悄悄的，空无一人。这是咋回事？出

大头侃人：任正非

来一看新闻，他才知道，布隆迪的内战刚刚开打，所以机场和海关都没人了。当天晚上，他躲在酒店的厕所里，窗外就是隆隆的炮声和枪声，他一夜都没敢睡。

范思勇的经历就是当时几千名华为海外员工海外经历的缩影。

这些奔赴海外的华为人，面对的除了难缠的当地客户和强大的西方同行，还有湿热的雨林、崎岖的山路、中东干燥的风沙、暴徒劫匪的匕首和恐怖分子的炸弹。

但是华为人咬牙坚持了下来，哪里有市场，哪里就有华为人的身影。

在这个过程中，一些牺牲不可避免地发生了。2002年，埃及航空飞机在突尼斯撞山坠毁，机上一名华为员工死里逃生；2005年，尼日利亚空难，三名华为员工遇难；2007年，肯尼亚航空空难，一名华为员工遇难；2009年，法航空难，机上九名中国人，其中有一名是华为员工；2014年，马航著名的MH370客机失踪，机上也有两名华为员工……任正非曾说，全球每掉一架飞机他都很着急，因为他担心上面有华为的员工。

华为走向海外，走向全球，付出了巨大的代价，但是他们给亚、非、拉地区带来了高品质的服务、高品质的产品和低廉的价格。

2006年，华为员工到刚果（金）首都金沙萨的时候，也像范思勇一样经历了惊心动魄，甚至有过之而无不及。由于不接受总统选举落败的结果，副总统本巴的卫队与总统卡比拉的卫队发生了武装冲突。

战斗最激烈的时候，华为员工所在的宿舍楼就在交战双方的中间。三十多个工作人员来不及撤离，全部被困在里面。窗外的枪声像鞭炮一样，噼里啪啦地响，还有流弹不时地飞进来，弹孔留在墙上，弹头

第八章　走出去，活下去

就掉到锅里。

最危险的时候，炮弹就在他们宿舍楼前的一栋烂尾楼里爆炸了。他们无计可施，只能躲在墙角自求多福，希望双方的火炮不要打偏了。事后，亲历该事件的员工还有些后怕："如果他们稍动歪念，进来洗劫，我们三十多号人就都没命了。"

按理说，这些劫后余生的华为人应该赶快买机票回国，死都不干了，拿命换钱划不来，还不如回家挖煤呢。华为人却咬牙留了下来。因为刚果（金）是一个自然资源极其丰富的国家，当时主要的通信设备供应商是阿尔卡特和西门子。这两家公司有一个特点，只做城市，不做农村，因为很多农村连条路都没有，加上疟疾流行，他们的员工根本不下乡村，上面一让员工下去，员工就都辞职走了。

诺基亚、爱立信这些电信巨头本可以在非洲地区迅速扩大市场，但是那里条件太艰苦，他们没有做到，这就给了华为机会。1999年华为加速挺进海外的时候，大量营收都来自这些艰苦的地区。

"国际化"这个词看起来光鲜艳丽，对华为来说，意味着华为年轻人的青春、汗水和牺牲。 他们以出色的表现赢得了当地政府和企业的信任，迅速打开了局面。比如，2004年，华为承包的肯尼亚智能网改造升级宣告成功，整个工程耗资3400万美元。2005年，华为在南非的销售额突破10亿美元，其通信网络产品、技术和服务几乎覆盖整个南非。2006年，华为在毛里求斯建起了第一个3G商用局。同年，华为在石油王国尼日利亚承建了国内传输网，这是全非洲最长的国内传输网。

打开非洲市场以后，华为人并没有满足，又进入中东地区。如果说进军非洲需要忍受艰苦的环境，进军中东就需要文化包容的心态。

大头侃人：任正非

比如，沙特石油资源非常丰富，国民富裕，有着高福利的社会保障体系，所以华为的艰苦加班精神对沙特人来说不好使。你让他加班，他不干，干脆直接辞职。沙特男人的家庭观念很强，他们希望有更多的时间跟家人在一起，不会把工作当作生命的全部，工作起来自然也就没有中国员工高效。所以华为在沙特只能入乡随俗，根据沙特人的生活节奏和社会习俗来工作。

"9·11"事件发生以后，阿拉伯世界对中国的态度普遍比较友好，这为华为在中东的发展赢来了一个难得的发展时期，华为发展了很多客户。

接下来，华为不仅在亚太地区迅速成为主流通信设备供应商之一，在孟加拉国、柬埔寨、尼泊尔等国都有所斩获，在南美市场也取得了绝对性的胜利。2004年2月，华为成功获得巴西最大的数据和长途运营商Embratel的下一代网络项目，合同金额超过700万美元。2005年，华为在阿根廷也成功实现了商业运营。2006年，华为在北非战绩辉煌，在西亚旗开得胜……

总的来说，经过那么多年的艰苦奋斗，华为把中国智慧和文明，把忍让、吃苦、为客户提供好的服务这种中国式企业思维带到了广大亚、非、拉地区，终于在"农村"打下了"根据地"，并以"农村根据地"为基础，为进入高端市场做了充分的准备。

华为的下一个目标就是进军欧洲，向世界知名大公司的腹地和大本营发起进攻。

欧洲是爱立信、诺基亚、朗讯、西门子、阿尔卡特等电信巨头的故乡，进入的难度可想而知。过去，这些国际大企业在中国"七国八

第八章 走出去，活下去

制"，后来被华为赶了出来，如今华为要进入他们的大本营，没有别的选择，只有放手一搏，背水一战。

依靠华为的狼群战术、扎实的技术功底、高品质的服务和低廉的价格，华为最后在欧洲"铁幕"一般的市场上撕开了缺口，成功地破解了这一"对后来者的咒语"。

到2008年，华为赢得了整个欧洲市场300亿美元合同中的30亿美元，同比增长了20%，销售对象为"所有主要的运营商"，其中包括沃达丰集团、西班牙电信公司等。

同年，华为的主要竞争对手爱立信和诺基亚西门子通信公司全年利润下降50%，阿尔卡特朗讯全年亏损扩大了48%。

2001年才进入欧洲市场的华为，现在已经成为欧洲"大T"（大型电信运营商）最欢迎的设备厂商，它与爱立信、阿尔卡特等业界巨头一样，同英国电信、法国电信、德国电信、荷兰的KPN这些大佬合作愉快。从这时开始，再没有人认为这个来自中国的小伙伴是一个新手或者追随者。对这些"大T"来说，华为是非常优秀的合作伙伴；对于竞争者来说，华为是可怕的对手。

那么华为究竟是怎样打进欧洲，赢得欧洲运营商的信任的？

华为首先选择法国作为进军欧洲的突破口。大家都知道，"二战"期间，英美军队便是从法国诺曼底登陆，一举扭转了战局。

半个多世纪以后，任正非带着他的群狼团队也是从法国登陆，开始了征服欧洲的历程。

刚开始，法国人根本看不上华为，觉得法国有那么多自主品牌，

大头侃人：任正非

不可能用华为的。所以当时华为最核心的任务就是寻找代理商。华为找到了艾瑞斯通这个电信巨头合作。

这么多年来，艾瑞斯通也一直在观察华为，他们发现华为就像一个不断打怪的高手，一步一步升级，水平越来越高，于是双方顺利实现合作，而且合作得挺愉快。就这样，华为通过艾瑞斯通，打入了法国主流的设备厂商队伍。

当时担任华为法国分公司总经理的叫温群，在他看来，法国人其实就是欧洲的中国人，他们也喜欢美食，也喜欢交朋友，也讲义气。所以温群取了一个法国名字叫Patrick，平时一身的法式装扮，品尝法国大餐，结交了一大批法国朋友，慢慢取得了法国人的信任。

几年间，大多数法国电信巨头都成为华为的客户，包括法国电信、布伊格电信和SFR移动公司，都成了华为的好朋友。

打进法国市场之后，华为剑指英国市场。英国人给人的印象就是彬彬有礼——所谓的绅士风度，他们没有法国人那么浪漫，也没有德国人那么古板，更没有俄罗斯人那么暴烈。任正非带着他的团队光顾了这个绅士国度，没想到，刚到英国，他们就发现英伦三岛的绅士们并不好打交道。

英国人不相信中国人可以制造出高质量的交换机，根本不给华为投标的机会。怎样才能参加投标呢？对方说英国电信有个规矩，想参加投标的公司必须经过他们的认证，他们所有的招标对象都是他们短名单里的成员。换句话说，不经过他们认证，就没有资格进这个圈子。

要成为一流的设备厂商，就要拿下一流的运营商。在全球电信运营商中，英国电信集团就是名副其实的"大T"，它有严格的市场准入门槛。要成为英国电信集团的供应商，就必须通过他们的供应商认证，

第八章　走出去，活下去

需要经过严格的程序考核。此认证耗时漫长，覆盖多达12个方面的内容，即使是许多西方电信设备巨头，也不敢对此掉以轻心。

华为为此专门成立了由董事长孙亚芳为总指挥、常务副总裁费敏为主负责人的英国电信认证筹备工作小组。这个小组的成员涵盖了销售、市场、供应链、人力资源、财务等各个部门的精英。一开始，他们还是很有信心的，这些年华为经过国际化的改造和国外大公司的咨询与指导，通过认证应该没有问题。

2003年11月，英国电信集团的采购认证团队来到华为，对华为进行了为期四天的严格"体检"。这次"体检"，技术不是英国电信集团首要考虑的，管理体系、质量管理体系、环境体系才是最重要的考察项目，要保证华为对客户交付产品的可预测性和可复制性，换句话说，华为的产品质量要很稳定。

不仅如此，英国电信集团还要考察华为合作伙伴的运营和信用，连供应商不合格都不行，甚至去考察华为员工的基本福利，比如华为有没有给员工提供食堂、有没有给员工提供宿舍，等等。

在这个国际一流水准的专家团面前，华为的很多漏洞暴露无遗。专家问："在座的哪位能告诉我，从端到端全流程的角度看，影响华为高质量地将产品和服务交付给客户的排在最前面的五个需要解决的问题是什么？"

结果在座的华为专家都傻眼了，不知道怎么回答这个问题。

经过四天的严密考察，英国电信专家团队分成13个单元给华为打分，每一个单元满分是7分。华为在基础设施上得了6分，其他硬件指标也得到了较高的分数，但在整体交付能力等软性指标上，华为严重

大头侃人：任正非

不合格。

离开华为之前，英国电信专家留下一句意味深长的话："希望华为能够成为进步最快的公司。"这句话说得彬彬有礼，但是又绵里藏针，极大地刺痛了华为人。

第一次考察失败了。通过这次考察，任正非深刻领会到，企业组织的可复制能力与可预测性、体现在一系列流程和内外环境中的模式化力量，已经成为现代规模管理的基础，华为必须跨越这个门槛。

从这时开始，华为花了两年时间，耗费了数以亿计的资金来学习那些"大T"。经过艰难的学习，华为向英国电信集团的"21世纪网络"计划确定的"八家短名单"发起了冲击。

功夫不负有心人，2004年6月，英国电信集团的"21世纪网络"第一次发标。数百家供应商参加了投标，那场景如同一场盛会。华为也做了一份非常规范的标书交了上去。过程很是难熬，光报价就来来回回做了五六轮。

最终，华为凭借自身的实力，终于在2005年4月份拿到了英国电信集团的"金钥匙"，正式入选"21世纪网络"计划的优先供应商名单。

同年12月，华为和英国电信签署了正式的供货合同，**欧洲的豪门俱乐部大门终于向华为敞开了**。华为的一个高层说："这不仅是为了英国电信，而是为了真正接近世界级电信设备商的管理水平。今后都是硬碰硬的较量，取巧不得。华为被认证的过程比认证的最终结果对我们更有意义。"

如果说过去在国内农村地区，在亚、非、拉地区，还可以以价格取胜，那么在未来，这些机会都不会再有了，华为要面对的是德国、

第八章　走出去，活下去

荷兰、英国、美国这些世界上发达的国家和地区的国际大公司。

有些时候，一个人能被圈子里的一个大佬认可，就可能被整个圈子认可。华为也是这样，被英国电信集团认可带来了连带效应。2005年11月21日，固网的老大沃达丰就给华为送来了"丰盛的午餐"——一个天大的订单。

得到英国电信和沃达丰这种"大T"的认可意味着华为已经进入了欧洲主流市场，拿到了通行证，这是华为向世界级企业迈进的关键一步，为华为跻身世界通信设备厂商巨无霸的行列做了充分的准备。

所以说，困难对懦夫来说是无底的深渊，对强者来说却是学习、进步的机会。

华为就是这么炼成的，在无数次的生死之中一步步走向强大。

华为在欧洲拿下了法国、英国市场，接下来决心征服"德意志战车"。德国人素来以严谨、认真著称，严谨到刻板的地步，甚至有时候表现得有点儿"愚蠢"，但事实真的是这样吗？

在上海生活的朋友可能知道，上海的地铁1号线是德国人设计的，2号线是我们自己设计的。我们设计2号线的时候，就发现德国有点儿"傻"，他们在1号线的每个室外出口都设计了三级台阶，进地铁口要先踏上这三级台阶，然后再往下走。中国人就觉得这三级台阶设计得太蠢了，添了很多麻烦。

另外，德国人根据地形地势，在每个地铁出口设计了一个转弯，不直接连通室外。中国的设计师认为这样做完全没有必要，这东西是可以节约的。等到地铁2号线投入使用的时候，大家就发现细节之处果然藏着魔鬼，德国人设计的细节自有道理。

上海地处华东，地势平均高出海平面一点点，夏天一下大雨，容

大头侃人：任正非

易发生雨水倒灌。德国设计师注意到了这个细节，在地铁站每个出口都设计了三级台阶，雨水基本上没有办法倒灌到地铁里面，所以1号线的防汛设施基本上没用过。2号线就因为缺了这三级台阶，经常在大雨天被淹，造成巨大的经济损失。与此同时，人们发现地铁2号线用电量特别大。人们这才明白1号线的转弯有奥秘，这个转弯大大减少了地铁站台和外部的热量交换，减轻了中央空调的压力，所以1号线的耗电量远远少于2号线。这些细节一经比较，就反映出德国人严谨、细致的精神，也让"德国制造"成为品质的代名词。

任正非对华为工作人员说，进军德国意义重大，能不能胜出就在于华为的产品究竟是不是高科技产品，是不是华为人真正用心做出来的产品。

说着说着，机会就来了。德国最大的电信运营商是QSC，通信设备厂商能和QSC合作的话，就能很快占领德国大部分通信市场。2004年，QSC宣布要在德国建设NGN网络，全球知名的电信设备厂商巨头都参与了投标。

当时夺标呼声最高的是某国际大牌厂商。QSC要求极其严格，按照QSC的要求，投标的厂商需要把自己的设备运送到QSC，接受为期四个月的产品对比测试。

华为和这家国际大牌厂商表面上客客气气，暗地里却较劲。这家国际大牌厂商有充分的理由和信心相信自己会胜出，而且它在欧洲拥有多年合作的客户，在欧洲的"群众基础"和技术的延续性是其最大优势。在它看来，华为就是一个乳臭未干的毛头小伙子，初来乍到，啥也不懂。

第八章 走出去，活下去

但是，命运有时就喜欢这么捉弄人，无籍籍之名的少年，一出手就乱拳打死老师傅。四个月过去了，QSC发布了考察结果。报告显示，华为提交的NGN解决方案U-SYS设备稳定性、兼容性更强，标准性更胜一筹。

就这样，2005年2月，在众多国际巨头惊讶的目光中，华为脱颖而出，独家中标QSC的NGN项目。同时，QSC宣布将和中国的华为公司结成战略合作伙伴，共同建设覆盖德国全境200多个城市的NGN网络。

华为全球化的过程，其实也是一个学习的过程。华为所到之处，都是硬碰硬的较量，在这个过程中，华为提高了自己的机电技术水平，同时对世界各地的规则进行了系统的学习。所以，在世界商业文明的秩序内，大家拼的还是规则、法律、技术和实力。

华为成长的历程充满了艰辛，其实每一步都是鲜血淋漓。就像在非洲广袤的大草原上，有拼杀的狼群，也有凶猛无比的狮子、猎豹，它们为了争夺食物，经常发生面对面激烈的血腥搏杀。和世界级高手过招，华为并没有必胜的把握，只能边打边学，边学边提高，慢慢了解他们的套路，最后把他们的绝招都学到手，成功地应招。

应该说这些年华为在海外的发展历程还是比较顺利的，战绩辉煌，攻占亚、非、拉市场，华为气势如虹；征战欧罗巴，华为披荆斩棘。之所以取得这些成果，除了因为华为的耐心、技术和服务，多少还有一些运气的成分。任正非曾经高呼"华为要三分天下有其一"，如今已经证实那不是"口出狂言"，而是马上就要实现了。

但是老话说"行百里者半九十"，意思是，一百里的路程，走到九十里才算走到一半，想完成最后10%的路程，要花费50%的体力。

大头侃人：任正非

做事情也是如此，越到最后越艰难，越接近成功路越坎坷。

在广袤的世界其他地区，华为的确走完了九十里的路程，再有十里就成功了。但是在这十里路程上，华为却经历了千难万阻，因为这十里路就是华为最后一块要攻克的土地，就是超级科技大国——美国。对华为而言，全球化的布局基本上已经完成了，唯一没有插上华为红旗的地区只有美国。

众所周知，美国是一个大国，拥有世界上容量和需求最大的市场，从石油到微处理器，再到咖啡，美国市场所涉及的领域几乎无所不包，几乎全世界的公司都希望能在美国做生意。

同时美国又是世界高端技术大国，只有打入美国市场，才能学到最新的管理方式，靠近技术创新的最前沿，打响公司的名声。但是，**美国市场是世界上最成熟的市场，也是最难进入的市场，亚洲许多公司都在美国栽过跟头。**

1999年4月30日，在美国南卡罗来纳州，海尔投资3000万美元的海尔生产中心举行了奠基仪式。一年多后，第一台带有"美国制造"标签的海尔冰箱从漂亮的生产线上下来，海尔从此开始了在美国制造冰箱的历史，成为中国第一家在美国制造和销售产品、打出中国品牌的企业，但事实证明，这不过是一场品牌秀，很快"泯然众人矣"。

而联想打入美国市场采用了另一种方式。它先是克服重重困难，收购了IBM的全球个人电脑业务，然后逐渐占领市场。但是，这家世界排名前列的PC厂商虽然在中国市场利润丰厚，但在美国的销售依然疲软。

相对于海尔与联想，中海油的经历就要惨得多。2005年6月23日，

第八章 走出去，活下去

中海油经过几个月的内部反复磋商，正式向美国尤尼科石油公司发出了收购要约。但是，这次很平常的经济活动却被美国一些政客和中海油的竞购对手政治化了，最后导致中海油退出收购战。

从某种意义上说，美国市场一直是中国通信设备厂商的禁区。尽管中国政府大力推动中国企业向全球市场扩张，但长期以来，中国电信设备商的扩张步伐主要限于发展中国家。

2003年以前，华为在海外的主要发展目标是发展中国家，到了2004年，其业务已经覆盖全球77个国家。这77个国家中包括14个发达国家，而华为的主要收入来源和大单仍集中在欧美以外的市场。

但华为等中国通信设备厂商的迅速壮大早就引起了美国同行的注意，思科便于2003年指控华为侵犯其知识产权，爆发了著名的"世纪诉讼"。此后，中国通信设备厂商有意避开美国市场，转战西欧市场。

到2007年底，华为的产品和服务基本上覆盖欧洲所有重点运营商。

2008年之后，华为的工作重点开始转向以美国为主的北美市场，这也是华为长期战略的必经之路。

美国和华为的恩怨根源就在这里。

美国看到华为在全球攻城略地，所向披靡，特别担心华为某一天入侵他们最敏感的通信领域。

中国有句老话叫"匹夫无罪，怀璧其罪"，意思是，人没有什么问题，但是因为他带的东西值钱，所以他因此受害。华为也是这样，本身没有任何问题，但是因为技术太先进、打法太凶悍，所以美国对华为进行了严防死守，包括2003年思科对华为的诉讼。

2018年孟晚舟事件震惊全球，恰恰说明美国真的很重视华为，不惜以超常规的方式行动，以此来打压华为。

这中间，一定涉及合法和非法的问题。华为征战世界多年，熟悉各国的法律和规则，多次受益于各个国家健全公平的司法制度，所以华为的全球化一方面是技术的全球化，另一方面是规则的全球化。没有各个国家法律的保护，就没有华为的今天，所以华为对规则非常尊重。

华为就孟晚舟事件发布的官方声明，的确是世界级企业水准，全文没有任何民族情绪的煽动，有的只是客观事实的陈述和良好心愿的表达。看完之后，我特别佩服华为，很多人觉得天都塌下来了，但是华为人不动如山，泰山崩于前而色不变。

早前柳传志碰到"5G投票门"事件，就号召全国的企业家支持他，号召联想的兄弟姐妹们行动起来，为自己的荣誉而战。

从这个细节，就可以看出这些江湖大佬段位上的差别，能看出为人处事的不同风格。

第九章

华为手机

如今华为手机如日中天,但在当初,任正非是最强烈反对华为做手机的人。

第九章　华为手机

说完华为在全球市场的艰苦打拼，接下来再聊一聊华为另一个利润增长点，那就是华为手机。这个话题很多人都感兴趣，而且围绕着华为手机，确实有很多故事可讲。

如今华为手机如日中天，但在当初，任正非是最强烈反对华为做手机的人。

任正非为什么坚决不造手机呢？因为1998年华为出台了《华为基本法》。《华为基本法》对华为来说就是"宪法"，第一条里便有这样一句话："为了使华为成为世界一流的设备供应商，我们将永不进入信息服务业。"

也就是说，华为确立了一个主航道战略，主航道就是做设备供应商，除此之外，什么都不碰。比如华为中间做房地产可以暴发，华为不碰；做互联网可以暴发，华为也不碰；做资本运作也可以暴发，华为还是不碰。

所以任正非说："华为就是一只大乌龟，二十多年来，只知爬呀爬，全然没看见路两旁的鲜花，不被各种所谓的风口所左右，只傻傻地走自己的路。"

坚守主航道，专注，极致，像阿甘一样单纯和专注，华为才成为

大头侃人：任正非

今天的华为。

但是，华为不碰房地产大家可以理解，但是不碰手机大家就无法理解了。

据华为前员工张利华回忆，2002年9月30日，松下和爱立信的手机测试通过了华为的彩信业务。国庆节，张利华去移动营业厅，看到消费者排队上百米，就为抢购一部能收发彩信的手机。当时松下GD88和诺基亚的彩信手机都卖8000多元一部，依然一机难求。

张利华想，华为有这个能力造手机，干吗不造呢？她回去就写报告，建议公司立即做可以支持移动数据增值业务的2.5G和3G的手机终端。

正好这一年10月份北京国际通信展开幕，徐直军等华为领导去北京参展，张利华正好陪同他们。张利华就给这些领导介绍目前通信技术的新趋势，并且把华为要尽快立项做3G手机的材料递给了徐直军。会展过后，徐直军就给张利华发了一条短信，让她马上准备一份正式的手机立项汇报材料，任老板要看。

写材料期间，张利华所在的3G业务小组受邀参加了一次任正非亲自召集的无线产品线讨论会，会上，任正非照例告诉大家畅所欲言。

这个时候，张利华忍不住大声说："任总，我有一个想法，我们华为要造手机。华为的3G设备只能卖一次，但消费者一年会换好几部3G手机，中国有好几亿手机消费者，华为应该尽快立项3G手机，否则会失去巨大的市场机会。"

刚才还和蔼可亲的任正非听完这句话，啪啪地拍着桌子说华为不造手机这个事早有定论。所有人都不敢说话了。

第九章 华为手机

张利华至今仍清楚地记得当时凝滞的气氛："任正非的声音洪亮，他的话一出来，立即就没有人敢吱声了。我当时心想：自己可能要离职了。这件事就卡在这里，成为公司内忌讳的话题。"

那次会议结束以后，张利华倒没有离职。这个姑娘内心很强大，即使离职，也要在离职之前把手机立项的材料做好。

不过，内心更强大的是任正非。当时经过"华为的冬天"，任正非也改变了很多，带头开展自我批评，及时纠正错误，不再固执地坚持己见。每次见到张利华，他不好意思道歉，就笑一笑，用这种方式来缓和关系。

到了2002年年底，徐直军受任正非委托，召开了手机立项讨论会，张利华面向华为高层，从容地做了手机立项的汇报。任正非听完，表情非常平和，缓缓地对当时华为财务副总裁纪平说了两句话。

第一句是："纪平，拿出10个亿来做手机。"看看，大老板就是厉害，直接拿了10个"小目标"来做这件事。许多人不知道的是，2002年华为处于深冬，公司的净利润也就十个亿，任正非这次真的想好要做手机了，他将这一年的全部净利润押上做预算，放手一搏。

这就是华为令竞争对手胆寒之处，要做一个新产品，华为会押上全部去做，只能成功，不能失败，不像很多公司小打小闹地先小投入试一试，而浅尝辄止的尝试心态往往做不好产品。

第二句话就是："为什么中兴GSM手机没有做好，亏损了好几年，你们要想清楚。做手机跟做系统设备不一样，做法和打法都不同，华为公司要专门成立独立的终端公司做手机，独立运作！"

华为手机历史上如此重要的一次会议，就这么简短。

大头侃人：任正非

2003年年初，华为成立了手机事业部，做出的第一部功能机叫D208，开模模具花了26.8万。看到这个数字就知道，模具这么便宜，能造出什么好手机来？任正非看到样机，怒而摔之，说，这破玩意儿真丢华为的人，重新开模，重新生产！

出师不利，是因为对华为来说做手机相当于进入一个陌生的领域，原来是to B的，现在要to C，确实是缺少积累。所以，华为走了一条过渡路线，先给运营商做定制机，积累做低端贴牌功能机的研发。但是这并不符合任正非对华为手机的定位。在任正非心目中，做中高端机型才能在移动智能终端市场展开布局。

2003—2008年，华为手机事业部一直不温不火，就连华为自己的员工也不愿意用华为手机，因为太低端了，以至任正非考虑要把它卖掉。接下来就是我们前面讲过的郑宝用力排众议，说不可以卖掉，如果华为放弃终端，就放弃了华为的未来。

就这样又熬了两三年，华为手机业务还是马马虎虎。任正非一看，这样不行啊，再这样下去的话，整个华为手机事业部非黄不可。于是他拿出了王牌措施——动干部。

2011年，任正非把华为无线事业部的老大余承东调过来主管手机业务。余承东的出现，是华为整个手机事业的拐点。

无线事业部是华为的核心部门，在这个地方待过的人被视为华为的嫡系部队。有人就犯嘀咕，余承东一个搞技术的，空降到手机部门来，能干点儿什么啊？他们没想到，余承东，人称"余大嘴"，特别能说，特别敢说，做人很猛。

没多久，余承东就直接砍掉了华为将近3000万部低端手机和功能机，放弃为运营商做嫁衣，自己开始搞智能手机。这个做法震惊了所

第九章 华为手机

有人。大家觉得余承东疯了。

余承东的大胆策略后来得到很多人的赞赏，说华为一举解除了与运营商捆绑的风险，但当时余承东遭受了很多的批评。

安徽人余承东胆子大。他有三个特征，就是性子直、嘴巴大、脸皮厚。据说刚开始入职的时候，他就敢拿别人的座机打给任正非，说："老板，我发现了一个好东西，叫CDMA。"第二天，总裁办把电话打回来问昨天那个人是干吗的。从这件事来看，余承东挺敢干，绝非等闲之辈。

余承东于1993年加入华为，已经在华为待了二十七年，是地地道道标准的华为人。不过，在2011年之前，他似乎是隐身的，大众根本不知道余承东是干吗的。2011年担任手机部门负责人之后，余承东就变成了"网红余大嘴"，特别善于造势，利用微博等社交媒体吐槽，应该说他是手机界《吐槽大会》的李诞。

他把所有能碰的"瓷"都碰了个遍，比如骂雷军、骂罗永浩，说小米跟华为不在一个层面上，华为的竞争对手不是锤子手机之类的。后来华为手机的两位副总裁倒是先后奔赴了锤子科技，又先后黯然离去。

很多人觉得余承东很有娱乐性，其实他们不知道，**这个高调张狂的余承东有一段重要的履历——他带着华为的无线部门征服了欧洲。**

华为无线部门的征途史是华为崛起的最重要一段故事。这段历史要追溯到1998年，那时华为的无线部门已经做出了2G的GSM设备，投入了16亿元搞研发，但是一直颗粒无收，被迫走向海外。同样的事情也发生在3G的WCDMA上。

1998年，余承东拉着队伍，搞了一个3G网络项目，投入了40多

- 193 -

大头侃人：任正非

亿元。2001年产品做出来之后，国内迟迟不发牌照，华为亏损很严重。当时任正非见到无线产品的负责人就经常问："你们什么时候给我把60亿拿回来？"这搞得无线产品总裁徐直军和3G产品总监余承东压力巨大。就这样，他们被迫走向海外，首先把目光投向香港。

为了在香港首战告捷，华为做出一个惊人之举——花钱买一个订单。香港虽然比较小，但是影响力巨大，如果在香港能拿到单子的话，意义不言而喻。

有一家叫Sunday的香港运营商手上有一个稀缺的WCDMA牌照，为了拿到这家公司的订单，华为做了三件事：第一，借给Sunday5亿港币用来还债；第二，借给Sunday 8.59亿港币，用来买华为设备；第三，斥巨资成为Sunday的第二大股东。就这样，华为顺利地拿到了Sunday的单子，将其作为标杆性案例，向全球客户推广。

2003年年底，华为拿到了第二单——阿联酋电信（Etisalat）的WCDMA 3G订单。紧接着，华为拿到了第三单、第四单。到了2005年，华为的海外收入超过了50亿美元。

真正让华为获得蜕变的是一款叫SingleRAN的产品，这是整个华为研发史上的传奇。2007年，全球固网老大沃达丰希望能够做到由GSM向3G的平滑演进。这话听起来很高大上，其实意思就是如何用最便宜的方法，既能保留2G网络，又能提供3G服务。

这里面涉及一个关键技术，叫多载波技术，非常难实现。但是余承东顶住压力拍板，倾尽无线部门全部的力量来满足客户的这个要求。就这样，华为的研发管理系统再次发威，调动了全球顶尖的专家，用了一年多时间，终于攻克了多载波技术，推出了SingleRAN——一体化

第九章　华为手机

基站建网理念和解决方案，有效解决运营商多制式建网难题。

SingleRAN是华为历史上一个革命性产品，有了SingleRAN，客户过去的装备不用报废，还能接着用，能省下一大笔钱。这个解决方案几乎横扫欧洲所有运营商，让华为无线产品的收入位居世界第二，逼近当时的爱立信。

在无线部门高歌猛进的助力之下，华为在2011年营收超过2000亿元——当时国内很多企业营收破千亿元就了不起了。2018年华为营收超过7000亿元，2019年营收8588亿元，假以时日，华为营收破万亿不成问题。

在任正非眼里，余承东是一个能打硬仗、敢打硬仗、会打硬仗的人。当年任正非一纸调令，就把余承东调到手机事业部，但是余承东一上台就把3000万部低端机和功能机砍掉了，激起了内部人的强烈反对。

运营商也很讨厌余承东，你上来就砍掉3000万部，我们怎么挣钱？余承东只得去与电信运营商解释，谨慎小心地调整，避免因动作过大而休克。

即便如此，华为手机业务在欧洲还是被沃达丰、法国电信等世界级运营商剔除了。所以，2012年，华为终端的销量从1.5亿台陡降到1.2亿台，余承东的压力非常大。

这一年恰好是功能机向智能机平滑转换的一年，小米、OPPO、vivo智能手机都在蓬勃兴起。表面上看，华为手机端的问题是供应链、技术和渠道等方面的，但从本质来讲，是华为内在的基因缺乏导致的。因为过去华为在全球的客户就做到几百家，都是to B业务，一家的单子便是几亿元、几十亿元，华为要做手机，就需要把客户从几百家运

大头侃人：任正非

营商扩展到几十亿消费者，这对华为来说是一个巨大的挑战。

按一般商业规律来说，to B 和 to C 只能二选一，很少有公司能在二者之间平滑切换。比如，IBM 专注于 to B 市场，就把针对消费者的 PC 业务卖给了联想；三星给消费者带来很多惊喜，但是感动不了讲究性价比的那些低端客户。

余承东认为华为手机一定要在一个可控的业务点上快速突破，建立威信，同时这个业务点要具备一定的规模，能够盈利。在他的主导下，2012年，华为推出了一款2999元的智能手机P1，又推出一款3999元的D1，以冲击中高端。不料这两款手机都卖不动。一位华为的内部人士说："他做的那个Ascend品牌，连店员都不知道该怎么念。"

任正非对这款D1手机印象特别差，使用样机的过程中频繁死机，以致最后勃然大怒，当众将这部手机摔在了余承东的面前。余承这个时候压力特别大，他也很纳闷，消费者为什么不买账呢？

这几部新手机推出失败，余承东在华为手机领域威信扫地。

大家都觉得余承东滚蛋是早晚的事情，所以有些下属也不听他的话，最后甚至想联合起来把余承东赶走。此外，在对市场和未来趋势的判断上，余承东和其下属华为终端电商总裁徐昕泉也产生了严重分歧。

华为当时下决心做电商，徐昕泉坚持华为要去京东和天猫卖货，但余承东坚持自己经营，把流量留在华为自己手里。

华为的一位内部人士如此描述两个人的矛盾："老徐很聪明，但个性固执，脾气暴躁，不太能听得进别人的意见，经常跟老余吵架，所以老余就一直想换他。"

第九章　华为手机

借着华为手机业务被沃达丰、法国电信等世界级运营商剔除的契机，华为终端事业部的元老们向余承东发难，发起了一场"倒余运动"。

在会议室里看到那几张对自己咬牙切齿的面孔，余承东说："这事没法干了，要么我走，要么他们走。"

没想到，这场让余承东下课的官司最后闹到了任正非那里，任正非一听就火了。他很清楚这里面的弯弯绕，说："我告诉你们，余承东是我派过去的，余承东就代表了我，你们不支持余承东的工作就是不支持我。"这句话一说，几个"倒余派"立马垂头丧气了。

"倒余运动"失败后，余承东抓住机会，把这几个"造反派"全部调离了：中国区总裁被调离；副总裁，一名退休，一名调离；还调整了手机产品线总裁、家庭产品线总裁和首席营销官。同时，余承东招揽了一批自己用着顺手的人，将三星中国区品牌部老大杨柘、渠道专家赵科林、主管供应链的蓝通明招至麾下。从上面这几个人事调整就可以看出，余承东选择的都是经验丰富并且擅长成本控制、营销与供应链管理的人才。这个举措被余承东解释为"借脑"。

在他看来，世道变了，华为手机事业部必须重构思维，消费者意识才是终端团队甚至华为最缺少的东西。

这个时候，余承东基本上是背水一战。人也给你备齐了，还是你想要的人，不配合的人也被调离了，如果再造不出消费者喜欢的手机，那你就没什么理由了。

正在有些人等着看余承东笑话的时候，余承东反向操作，主动对任正非下了军令状："华为手机三年之内要成为世界领先手机的终端厂商，销售目标一年翻三倍，如果实现不了，我自动下课！"

大头侃人：任正非

这被外界视为余承东为了获得内部的最高支持出的一个险招，当时让华为内部的人大吃一惊，说，余承东胆子太大了，真是个大嘴，一年翻三倍，万一实现不了，他走不走。

这就像大家一起中规中矩地打牌，突然进来一个野蛮人，一下把桌子掀了，说，我们不这么玩，重新来一套规则。

除了"余大嘴"，他还有一个内部外号叫"余疯子"，经常会议进行到一半，他就开始对手下咆哮："你们的脑子是不是进水了？不能把用户体验搞得这么复杂！"

余承东也深知自己的弱点："我肯定是一个有缺点的人，不擅长和人打交道，性格东冲西撞，所以一不小心可能就树敌了。"

任正非充分授权，让余承东大胆去干，余承东也确实是别无选择，只能玩命去干。

他这么一玩命，手下人就倒霉了，日子过得很不舒服。余承东是个工作狂，特别喜欢晚上九、十点以后给研发团队的负责人李小龙打电话，从在公司发动车子开始，一直到车子停到家里的车库，电话才会挂掉。到最后，李小龙连余承东车子发动机的声音都能辨认出来。

经过手机事业部这帮人疯狂地不计代价地玩命干，好消息终于来了。2013年6月，华为在伦敦发布了P6。这是一款中高端手机，外形非常时尚，主打技术创新，全球销量一举超过400万台。

这意味着华为手机开始赚钱了，也标志着余承东"以消费者为中心"的内部变革第一次突破了华为B2B这种级别的管控体系。经过这场标志性的战役，华为高层对华为手机真正有了信心，才同意余承东把原来的产品系列"荣耀"独立成一个品牌。

第九章 华为手机

从这以后，华为的P8、荣耀7和Mate7相继面市，华为实现了多规格多品牌的发展路线。

这个时候，大家就开始夸余承东了，说，一个能把两个产品线都做到百亿规模的牛人，这种周旋的能力、变换的能力、技术的能力和判断市场的能力可见一斑啊。可见，成功了你说啥都对，不成功说啥都不对。

从这以后，华为的消费者业务收入开始逐渐增加。到了2019年，华为的消费者业务收入超过4673亿元。

从消费者来看，余承东的"敢言"与"大嘴"也带给了他们不一样的感觉。华为向来具有低调的企业基因。

任正非自1987年创办华为至今，极少接受媒体的正面采访，也从不参加相关评选、颁奖活动和企业家峰会，甚至连有利于华为品牌形象宣传的活动大多也会拒绝。

相比之下，余承东可以说是一个另类。为了把手机卖得更好，他经常在微博上发各种文章，炮轰天，怒怼地，但是，言多必失，这种"大炮"形象也带来很多麻烦。

2012年，余承东在微博上说华为是国内唯一用全贴合技术的厂商，随即遭到了时任金立副总裁的卢伟冰的反驳："随便问几个LCD或者TP厂家，就知道这是国内厂家都在普遍采用的一个技术。"

同年7月，余承东在接受媒体采访时说，华为手机有国产手机都没有的"双MIC降噪"。事实上，魅族与OPPO手机早都在华为手机之前采用了这个功能。

有一次，他在微博上写道："我们一些主管很不开放，水平很低却很自负。"结果得罪了一大片人，招致其他部门与同侪的不满与非议。

有时候余承东"大嘴"搂不住了，扬言要灭了三星、打死苹果，搞得任正非后来在一封内部邮件中专门指出，"灭了三星、灭了苹果"之类的话，无论是在公开场合，还是在私下场合，一次都不能讲，谁讲一次就罚100元！

跟其他企业家相比，余承东更像一个营销男、市场男，有能力，但是不擅长经营关系。这是他最大的弱项。好在有任正非，任正非一直是余承东的最大保护者，给他挡过很多箭，所以余承东不止一次地在公开场合对任正非表示感谢。如果没有任正非居中调停，没有任正非的宽容，余承东很难渡过那么多难关。

余承东和任正非的关系，一度被外界称为一将一帅的完美配合。余承东的成功说明他身上最有价值的不是技术能力，而是在一家技术导向的公司里善于推进互联网战略，能把产品营销迅速推向品牌化。在这种前赴后继的残酷战争中，他始终无所畏惧。

余承东在江湖上最有名的三句话就是："小米从来都不是华为的竞争对手。""华为要赶上苹果。""我个子不高，但是我是玩命的那种，打到满脸是血也要继续打。"

从某种意义上来说，玩命战斗、勇于挑战的余承东代表了任正非的一级敢死队。

他还讲述过任正非关于华为手机业务的一个故事："以前任总讽刺我：'余承东说产品做得很好，我认为有差距，虽然我用的华为产品，但是我的家属都不用华为产品，他们都用iPhone。'现在任总的家属，妻子和孩子都用华为手机。"

第九章　华为手机

这让余承东深受鼓舞。另外华为手机还有一个特点：在海外的售价比在中国大陆贵。这一点和很多厂商的产品价格策略相反，我们见过很多中国产品都是在大陆卖得贵，在海外卖得便宜。所以大家都觉得华为真是良心厂商。

余承东和他的团队靠这种以命相搏的玩法，靠华为的狼性精神，慢慢地把华为手机真正做到了世界前二。2015年，华为手机销量首次突破1亿台，2016年1.4亿台，2017年1.53亿台，2018年2.06亿台，2019年超过2.4亿台。据英国一家研究机构的报告，2019年，华为手机在中国智能手机市场以38.5%的市场份额稳居首位，第二位到第五位是OPPO（17.8%）、vivo（17.0%）、小米（10.5%）、苹果（7.5%）。

在华为2019年财报中，消费者业务营收超过4673亿元，占据华为2019年总营收的54.4%，同比增长34%，是华为第一大营收来源。

第十章

芯片战争

华为在成长的过程中有1000次死亡，只是值得庆幸的是，任正非和华为1001次地站了起来。

第十章　芯片战争

1990年，东南大学自动化控制系硕士毕业生徐文伟刚到深圳，就被著名的港资企业亿利达录用了，从事高速激光打印机的开发。电路设计和汇编语言是徐文伟的强项，杰出的硬件设计能力很快让他脱颖而出，在圈子里小有名气。

第二年，隔壁一家名叫"华为"的初创公司"盯"上了徐文伟，"小老板"任正非一顿"忽悠"，徐文伟就跳槽追随了任正非。美国前国务卿基辛格博士有一个非常著名的说法：领导就是要让跟随他的人们，从他们现在的地方，努力走向他们还没有去过的地方。任正非就有这样的"魔力"。

亿利达当时是赫赫有名的港资企业，却被一个小公司撬了墙角，很不开心，搞了点儿小动作，让徐文伟很是吃了些苦头。

从工资福利待遇非常好的亿利达跳槽到吃了上顿没下顿，搞不清哪一天就会倒闭的华为，徐文伟的眼光可谓相当好。他与任正非走到一起，是豪杰相遇，风云际会。

当时同为亿利达工程师的高梅松，在听了"小老板"任正非描绘的玫瑰般梦想后，不为所动，一笑置之。那时候的任正非连条名牌腰带都买不起，就拿大街上三块两块一条的凑合着用，还非要讲梦想和未来，在高梅松看来，任正非就是个大忽悠！

大头侃人：任正非

不过，后来的事实证明，有些时候，人生的选择比努力更重要。

加入华为时，徐文伟不过28岁，华为人习惯称他为"大徐"（"小徐"是徐直军），如今，他已经是华为董事会成员、战略研究院院长！

徐文伟加入华为那年，华为刚结束代理商生涯，正在研发用户交换机HJD48，由"宝宝"郑宝用负责整个系统的开发。徐文伟进入华为研发部后，从事印刷电路板（PCB）设计和芯片设计。他们算赶上好时候了，因为整个集成电路行业出现了一个伟大的变革：张忠谋创办了台湾积体电路制造公司（也就是如今有名的台积电），打破了大一统格局，创造性地定义了芯片代工厂，为初创企业开辟了生存空间。

在这之前，Intel、IBM等少数美国公司包揽了芯片的设计和生产（IDM集成设计与制造），初创企业根本无法插足半导体行业，原因很简单：太烧钱了，根本玩不起。

而台积电横空出世，将设计和生产分开，降低了行业准入门槛，不需要耗费巨资建生产线，只需要做轻资产的设计。现在，如果你愿意，你可以在深圳花几万块钱买一套手机设计方案拿去生产，当然，能不能把成品卖出去，就看你自己的本事和老天爷的心情了。

当年华为特别想开发自己的芯片。因为使用通用芯片，产品就会陷入价格战的汪洋大海中。要生猛甩开竞争对手，只能开发自己的芯片。

当时，联想在总工倪光南的指导下，已经自主研发出了五颗ASIC（超大规模集成电路），并成功地应用于汉卡、微机和汉字激光打印机，联想在通信领域脱颖而出。

"大徐"徐文伟首先设计自己的电路，成熟之后，就委托一家拥有EDA能力的香港公司设计成ASIC芯片，去德州仪器（TI）进行流片和

第十章 芯片战争

生产。

我们在第三章讲过,在这一次的生死抉择中,最终华为成功"飞渡",实现了一次性流片成功。1991年,华为首颗具备自有知识产权的ASIC诞生了。这是华为芯片事业的起点,慢慢才有后续的十万门级、百万门级、千万门级ASIC芯片。

没钱的时候,就体现出任正非的魄力了。当时华为面临着巨大的资金压力,任正非不惜借高利贷投入研发。

此时的华为完全是在低谷里垂死挣扎,费尽全力开发出来的JK1000刚一问世就面临技术被淘汰的窘境。任正非又孤注一掷地开始了数字程控交换机C&C08的研发,这就需要用到自己研发的芯片了。旧的项目没有带来利润,新的项目又投进去几百万元,华为的现金流迅速陷入困境。

老板愁,工程师也愁。华为对于数字程控技术压根就没有积累,大家都是硬着头皮现学现卖,技术问题终日不断。

任正非没办法,收起愁容,每天晚上9点,都会提着一个大篮子,装着面包和牛奶,前来劳军。他告诉众人:"十年后,华为要和AT&T、阿尔卡特三足鼎立!"

大家对老板画的饼一笑置之,然后继续埋头干活。所有人都明白,华为的身家性命都绑在C&C08身上了。大家夜以继日地埋头苦干。

为了加快研发速度,徐文伟领导的器件室挖来了一个牛人,他就是无锡华晶电子集团公司中央研究所从事芯片设计的李征。

华晶是国家集成电路908工程中最重要的项目,培养了很多国产芯片工程师,也可以说华晶是中国人芯片工程师的黄埔军校。

大头侃人：任正非

要设计芯片，必须要EDA工具，李征曾参与过20世纪末为打破禁运，由国家牵头的国产电子设计自动化软件（EDA）的开发，并先后在工作站和PC上开发成功。西方国家一看再封锁下去没有意义了，立刻解除了出口禁令。

这就是西方大国的博弈之道：首先对你封锁，将你限制在一穷二白的境地，卡你脖子，让你永远有求于他；一旦压不住，就马上张开怀抱，吸纳你进入他们的阵营，他们成熟的技术和产品任你使用。热情的表象后面，动机是要把你的产品扼杀在幼年期。

自从西方的EDA传入中国，国产EDA的发展就很缓慢了。国产亿次机和光传输设备等，也遭遇了同样的经历。出口禁令解除之后，李征被派去美国学习西方EDA的使用和芯片设计，改行做了芯片设计师，随后加入华为。

当年，任正非咬着牙，再借高利贷，花大价钱买来了西方的EDA设计系统，从此有了自己的EDA设计平台，不用再委托香港公司了。

从这里也能看出，那些攻击华为的西方公司显然不了解中国国情，华为真的是九死一生走过来的，**华为在成长的过程中有1000次死亡，只是值得庆幸的是，任正非和华为1001次地站了起来。**

1993年，华为用自己的EDA设计的ASIC芯片问世，成功实现了数字交换机的核心功能——无阻塞时隙交换功能。徐文伟给它取了名字叫"SD509"，这是华为星空的一颗恒星，从此华为群星闪烁。

自己设计芯片带来的最直接的好处就是成本大大降低，每片成本基本能控制在15美元以下，如果直接采购国外厂商的芯片组，则成本

第十章　芯片战争

超过100美元，甚至200美元。C&C08程控交换机就受益于SD509，采用SD509的A型机更加紧凑美观，更以同类产品一半的价格迅速进入农村市场！

C&C08是华为研发史上的里程碑，自研芯片在其中起到了重要作用，华为也因此实现了跨越式发展，进入了快车道。1994年，C&C08销售达到8亿元，1995年达到15亿元，到2003年，累计销售额达到千亿元，成为行内的主流机型，也是全球销售量最大的交换机机型。

有了"大徐"漂亮的开场，华为再接再厉，后来又开发了更加牛的SA506芯片。自家有了"芯"，底气十足，海量出货的交换机和接入网产品不仅集成度更高，价格还敢比竞争对手低上一大截。

在窄带数字程控交换机领域，华为终于坐上了世界第一的交椅，实现了任正非多年前的宏愿："我们以后要将上海贝尔远远甩在后面，要追上AT&T！"

不过，企业一大，问题就多，尤其是初创时期的华为，研发力量分散，资源重复浪费，没法形成合力。你搞你的，我搞我的，鸡犬之声相闻，老死不相往来。搞着搞着他们就发现，前面没路了。一段时间内，"救火队员"甚至比项目经理还受欢迎。

1995年3月，华为的"二号首长"即总工郑宝用意识到这个问题，把各业务部抽出来，成立了中央研究部，开始研发方面的规模化、集中化管理。中研部下设基础研究、无线、交换机、智能等业务部，其中基础研究部主要负责华为的芯片研发，李征任总工。

这个部门存在的唯一目的就是为通信系统做芯片，用任老板的话说叫"为主航道保驾护航"。后来大名鼎鼎的海思和麒麟芯片，就是出自这个部门。

大头侃人：任正非

此后，华为研发力量的分配和管理更加合理，实力大大增强。而基础研究部也伴随着华为的腾飞进入发展快车道。

华为开始大批量招纳人才。当年徐直军负责面试，他是人狠话不多，见面就问一个问题："你是逻辑思维，还是形象思维？"

很多钢铁直男都斩钉截铁地说："逻辑思维！"他把桌子一敲："那好，通过！"所以，大家一度认为这个是标准答案。可是后来，有新入职的同事说，徐直军问他这个问题的时候，他回答的是"形象思维"，徐直军的反应依然是把桌子一敲："那好，通过！"后来大家才知道，当时华为疯狂扩张，急缺人才，只要应聘者是电子专业毕业的，华为来者不拒。

三年后，华为的芯片设计工程师已超过300多名，先后研发了包括模拟电路SA系列、数字电路SD系列、厚膜电路SD系列在内的数十种芯片，涵盖程控交换机、光传输及WCDMA基站等多项核心技术。

凭借巨大的成本优势和多年的技术积累，华为成功打破国外垄断，开始逐步扩大在国内交换机市场的份额，王者气象初露峥嵘。

1997年，任正非带队去了美国，所到之处，虚心学习，并写下了《我们向美国人民学习什么》这篇文章。在他心中，一个企业只有虚怀若谷，不带成见，不坐井观天，不随身把那个"井"带到世界各地，不盲目自大，把全世界的文明成果拿来为我所用，这个公司才有可能成长为伟大的公司。

这段时间任正非春风得意，要风得风，要雨得雨，干啥成啥，他非常高兴，经常带着客人参观EDA实验室。EDA设计时，等结果有时

第十章 芯片战争

要等很久，年轻的开发工程师百无聊赖之际，就玩玩挖地雷。

有一次，他们挖得正爽时，被任正非撞见了。这些设备可是任正非的命根子，他非常担心地问："你们玩游戏，不怕电脑得病毒吗？"

我的老天爷啊，Windows系统自带的挖地雷游戏，和中病毒有什么关系呢？如果是三年一个代沟，那么这些年轻的工程师和任正非之间跨了十几个代沟吧！所以他们一脸石化坐在那里，无言以对，不知道怎么跟老板解释。

后来，不知道哪个有才的家伙在门口贴了张字条："开发重地，闲人免入。"从此，任正非带客人来参观时就只在玻璃窗外指指戳戳，看着工程师们专心致志，一副很投入的样子；里面的人也就放心地挖地雷，大摆地雷阵，双方皆大欢喜。

销售员黄灿还经历过一件往事。某日，邮电部一位处长访问华为，当时公司所在的办公楼楼下排队买股票的人挤满了整条街，熙熙攘攘，蔚为壮观。楼上华为做开发的年轻人却平心静气，两耳不闻窗外事，一心只看小电路。

这位处长感慨道："如果华为这样的企业不能成功，天理难容！"

所以，回顾历史，我们要记得华为草创初期的这些拓荒英雄，比如"大徐"徐文伟。刘平在《华为往事》一文中这样评价徐文伟：

> 基础业务部的总经理是徐文伟，基础业务部主要是研究芯片设计的。徐文伟是研发部资格最老的领导了，模拟交换机JK1000开发的时候就是项目经理，后来又担任过无线业务部总经理、预研部的总裁。但他没有参与C&C08的开发，所以在中研部一直是

大头侃人：任正非

千年老二。有一段时间相当不得志。不过他的性格很好，无论什么情况都处之泰然。

郑宝用和李一男等人，不论在华为内部还是外部，知名度都远远超过徐文伟。但如果站在华为历史的长河里，你会发现，**徐文伟等人扎扎实实做的基础芯片技术，奠定了华为后来成功的基石。**

这两年大热的海思总裁何庭波，是这个部门的后起之秀，大徐是他们的前辈。

当年在老总穷得连一条真牛皮腰带都买不起的情况下，徐文伟他们穿着大裤衩，义无反顾地跟着华为往前一起冲锋，让人非常感慨。就像一个姑娘在小伙子一穷二白的情况下毅然决然地嫁给他，两个人一起奋斗，最后成功了，这是最动人的爱情故事。

改革开放四十多年来的创业历程波澜壮阔，诞生了像京东、腾讯、阿里巴巴、百度等知名的互联网企业，这些互联网企业的创始人，有的是科班出身，有的是半路出家，所以有人开玩笑，说互联网行业是一个草根可以逆袭的行业。只要选准了赛道，接下来的事情就是等风来，风一来，就是头猪也能飞起来。

但是芯片行业完全不一样，因为它高度专业化，外行根本干不下去，从业者几乎都是科班出身。20世纪90年代初，是全球电子行业的黄金时期，清华大学等知名大学电子专业的毕业生特别受欢迎，是香饽饽，只不过他们去的那些大而知名的企业有可能是一个黄金铸造的"监狱"，促进了人的才智发展，却束缚了他们的勇气，最后让他们和体制融为一体。

很多名校毕业生去了微软、谷歌，都在干一些整理表格的工作，

第十章　芯片战争

男生被称为"表哥",女生被称为"表妹",时间一久,再想到自由的世界里去闯荡,勇气都没了。

但恰恰是不少二流重点大学,像东北大学、华北科技大学、西安电子科技大学、成都电子科技大学、西北工业大学,这些学校的毕业生没有这些负担,学校所在地也没有什么好工作,毕业生们只能一条道走到黑,孔雀东南飞。到了深圳,这些人迎头就碰到了华为。

当时华为招聘有两个特点:第一,开的价钱高;第二,员工得玩命干。这正是年轻人需要的,年轻人不怕吃苦,就怕钱给得少,华为成了那个时期的"香饽饽"。

因为通信行业的专业性,任正非先生一再强调,板凳要坐十年冷,要几十年冲一个城墙口冲锋,不要靠机会主义。

有一次,任正非接受采访的时候,提了个条件,说:"采访我可以,但是采访的主题我说了算,我要谈基础教育。再苦不能苦孩子,再穷不能穷老师。我们这个国家,盖那么多大楼有什么用?大楼本身有知识吗?有文化吗?有文明吗?钢筋混凝土而已。有那些钱不如给老师,钱给多了,自然优秀的人才就被吸引到这个行业里去,那么中国的教育就会兴旺发达。"

我们这个民族,有太多的时候喜欢讨巧。为什么很多商界人物去做房地产?因为技术含量低,来钱快。这块地今年拿了1个亿,房子没盖完,地已经升到10个亿了。为什么很多企业喜欢做高利息的金融?因为来钱快,"人血馒头"好吃。

一个国家、一个民族要有自己的风气,比如我们读书时爱学校,校风好,大家都认真学习,这是一种导向。如果不讲过程,不讲手段,只

大头侃人：任正非

讲结果，可以走捷径打小抄，谁还愿意去走艰难的道路获得成功呢？

任正非在互联网暴发时不做，后来可以在资本运作暴发时做也不做，从来不为诱惑所打动。他说，华为要做傻傻的乌龟，不做聪明的兔子，像阿甘一样，那么单纯和专注，做自己人生的事业。**所以，华为的成功从根本上来讲是价值观的成功。**

当年美国之行，给了任正非很大收获，他发现信息产业领域的一个规律：再大的公司，可能都会分分钟死在一个项目上。

所以，他战战兢兢，如履薄冰，即便如此，华为依然没能避免失误，任正非的战略方向罕见地出现过错误。这就是我们前面提到过的任正非三大失误：错过了小灵通的暴利期，GSM业务押宝失误，拒绝做手机。

2001年任正非母亲车祸去世，这对任正非打击极大，令他非常痛苦。这个令人心碎的场景让我想起了华为曾经发布的一部广告宣传片《梦想成真》(*Dream It Possible*)。

这部宣传片讲了一个励志感人的故事，女主角安娜从小的梦想是成为一名钢琴演奏家，在十五年的时间里，她通过不懈努力，终于实现了站在维也纳金色大厅的梦想。但是，从小带她走进音乐殿堂的祖父，就在这个时刻，看着视频中孙女梦想成真，大众的欢呼响起的时候，老人安详地离开了这个世界。

在某种意义上可以说，这部广告片是任正非的人生投影。当他站在世界之巅的时候，那个节衣缩食带他艰难成长的亲人突然离开了这

第十章　芯片战争

个世界，可以想见他是多么痛苦。

就在任正非承受至亲去世的巨大痛苦时，华为又发生了一件令人不安的大事——美国思科突然发难。2003年1月24日，思科对华为的世纪诉讼终于开场。他们特意选择了春节期间对华为发起诉讼，制造紧张的气氛。

经过思科诉讼拉锯战，任正非意识到，华为的麻烦只是刚刚开始，美国人不会善罢甘休，可能会在各方面对华为围追堵截。为了避免这个冲突，华为高层在激烈的争论和犹豫中，想出来一个不是办法的办法——能不能给华为戴顶"牛仔帽"？

华为高层经过激烈的讨论，最终决定把华为卖给美国的摩托罗拉，作价100亿美元，时任摩托罗拉董事长的小高尔文也非常看好华为，双方一拍即合，收购合同迅速签订，所有手续都办完了，就等对方董事会批准。

双方所有谈判人员都在酒店买了花衣服，在沙滩上比赛跑步、乒乓球，等待批准。在这个过程中，摩托罗拉董事会换届，小高尔文黯然去职，新任董事长比较短视，拒绝了这项收购。

消息传来，华为高层领导表决，还卖不卖？少壮派一致表决"不卖"，任正非最后下定决心，不再动议戴"牛仔帽"的事情。

这是华为历史上最为惊心动魄的一次决策。我们很多人都不知道，华为曾经只差一点点就要卖给美国的摩托罗拉了。

至于华为卖掉之后再做什么生意，当时任正非想了两条新路：一是把洛阳等地大大小小的拖拉机厂全部收购，造更好的拖拉机；第二，绝大多数人继续做通信行业，戴着摩托罗拉的"帽子"，可以打

大头侃人：任正非

遍全世界。

收购失败，任正非心里十分清楚，华为未来的对手一定是美国。他告诉华为的高管，这次合作没有成功，但华为迟早要与美国相遇，那么华为就要准备好和美国在"山顶"交锋。

这个山顶就是通信技术的珠穆朗玛峰，美国人从南坡登顶，我们从北坡登顶。现在双方都在拼命爬坡，也许有一天我们都会爬到山顶，但我们决不会"拼刺刀"，而是拥抱双方，庆祝我们为人类信息服务技术胜利大会师。华为从现在开始就要做好准备，山顶是极限环境，未来也不排除有极限事件发生。

2012年，任正非在实验室干部与专家座谈会上的讲话中提出了著名的"备胎"论断：

> 我们现在做终端操作系统是出于战略的考虑，如果他们突然断了我们的粮食，Android 系统不给我用了，Windows Phone 8 系统也不给我用了，我们是不是就傻了？同样地，我们在做高端芯片的时候，我并没有反对你们买美国的高端芯片。我认为你们要尽可能地用他们的高端芯片，好好地理解它。只有他们不卖给我们的时候，我们的东西稍微差一点，也要凑合能用上去。我们不能有狭隘的自豪感，这种自豪感会害死我们。我们的目的就是要赚钱，是要拿下上甘岭。拿不下上甘岭，拿下华尔街也行。我们不要狭隘，我们做操作系统，和做高端芯片是一样的道理。主要是让别人允许我们用，而不是断了我们的粮食。断了我们粮食的时候，备份系统要能用得上。

第十章 芯片战争

2019年5月，美国宣布将华为加入管制"实体名单"后，任正非接受《华尔街日报》采访时表示，华为不需要美国撤销实体清单，实体清单永远保留好了，没有美国，华为也可以生存得很好。但是华为仍然会拥抱全球化的，美国公司供应器件，华为欢迎；如果美国不供应，华为也能生存下来。

十几年前，任正非就看到了今天要发生的事情，读史早知今日事，人和人最大的差距就在于视野和思维的深度。

任正非的思维真的如高山一样刺破苍穹，如大海一样深邃，汇流万川。

他的身上完全没有狭隘的民族主义，没有任何的苟且，没有官商勾结，他是一个追逐太阳和明天的企业家。

意识到华为和美国终有一战，任正非开始以惊人的洞察力进行布局。

这个时候，任正非把眼光投向了一个人，她就是何庭波。未来的日子里，这个人隐身幕后，默默地为华为铸造金钟罩。

有人问，何庭波是谁？一看就是不看新闻不关心时事的人。在何庭波的努力之下，"备胎"这个悲摧的词汇现在已经成为高光的褒义词。

2019年，美国对华为下达管制令的第三天，华为海思总裁何庭波深夜发了一封致全体员工的信，全文如下：

尊敬的海思全体同事们：

此刻，估计您已得知华为被列入美国商务部工业和安全局

(BIS)的实体名单（entity list）。

多年前，还是云淡风轻的季节，公司做出了极限生存的假设，预计有一天，所有美国的先进芯片和技术将不可获得，而华为仍将持续为客户服务。为了这个以为永远不会发生的假设，数千海思儿女，走上了科技史上最为悲壮的长征，为公司的生存打造"备胎"。数千个日夜中，我们星夜兼程，艰苦前行。华为的产品领域是如此广阔，所用技术与器件是如此多元，面对数以千计的科技难题，我们无数次失败过，困惑过，但是从来没有放弃过。

后来的年头里，当我们逐步走出迷茫，看到希望，又难免一丝丝失落和不甘，担心许多芯片永远不会被启用，成为一直压在保密柜里面的备胎。

今天，命运的年轮转到这个极限而黑暗的时刻，超级大国毫不留情地中断全球合作的技术与产业体系，做出了最疯狂的决定，在毫无依据的条件下，把华为公司放入了实体名单。

今天，是历史的选择，所有我们曾经打造的备胎，一夜之间全部转"正"！多年心血，在一夜之间兑现为公司对于客户持续服务的承诺。是的，这些努力，已经连成一片，挽狂澜于既倒，确保了公司大部分产品的战略安全，大部分产品的连续供应！今天，这个至暗的日子，是每一位海思的平凡儿女成为时代英雄的日子！

华为立志，将数字世界带给每个人、每个家庭、每个组织，构建万物互联的智能世界，我们仍将如此。今后，为实现这一理想，我们不仅要保持开放创新，更要实现科技自立！今后的路，不会再有另一个十年来打造备胎然后再换胎了，缓冲区已经消失，每一个新产品一出生，将必须同步"科技自立"的方案。

第十章　芯片战争

　　前路更为艰辛，我们将以勇气、智慧和毅力，在极限施压下挺直脊梁，奋力前行！滔天巨浪方显英雄本色，艰难困苦铸造诺亚方舟。

何庭波

2019年5月17日凌晨

　　应该说，在此之前，大家都不知道谁是何庭波，**一夜之间，何庭波名满天下，她是华为海思的领导人。**

　　就在是2003年摩托罗拉收购华为失败后，任正非以超前的眼光，将一项前所未有的重担交给了这位业界少见的女性工程师。

　　何庭波是一个湘妹子。她在湖南师范大学附中完成了她的初、高中学业。1987年从师大附中毕业后，何庭波进入北京邮电大学学习，学习半导体物理专业，最终获得硕士学位。

　　与那个时代许多赶时髦的女孩不同，何庭波最大的心愿是当工程师。20世纪90年代，中国通信与半导体产业尚处在萌芽期，华为是何庭波实现人生理想为数不多的选择之一。

　　1996年，何庭波从北邮硕士毕业，成为华为的一名工程师。那个时候，估计徐直军也问过她："你是逻辑思维还是形象思维？"反正不管答案是哪个，他最后都是一拍桌子说："好，就你了，来吧。"

　　1996年，对于何庭波和华为都是一个幸运的年份。华为以自有知识产权芯片为基础，交换机大卖，熬过了"不成功就跳楼"的艰苦岁月。光通信设备这一新业务，在当时被寄予了厚望。

　　何庭波到华为后，被分派的第一项任务就是设计光通信芯片。

大头侃人：任正非

在以狼性精神主导的华为，何庭波这样一个柔弱女子要想出类拔萃，没有一股子拼劲儿是万万不能的。

当时，华为开发高手高戟负责产品开发，何庭波负责芯片设计。由于需要共用一套仪表，两人经常争抢设备。后来高戟升任华为路由器与电信产品线总裁，他回忆道："为了显示绅士风度，我每次都会让着她，但这并非长久之计。"最终，两人定下一个"君子协定"：白天何庭波使用，晚上高戟使用。

而当时何庭波还面临着一个更大的挑战，就是工作地点的不确定。随着公司业务的不断扩展，对员工跨地区的工作能力提出了要求。就在何庭波进入华为两年后，无线业务成为公司重点。何庭波被委以重任，一个人前往上海组建无线芯片团队，从事3G芯片研发。几年后，她又被调往硅谷，在那里工作了两年。也是在那里，她目睹了中美两国在芯片设计上的巨大差距，为日后海思大规模引进海外人才埋下了伏笔。这几年的奔波虽然辛苦，却让何庭波的能力得到了极大的提升，她的职位一路晋升，从高级工程师、总工程师、基础上研分部部长到中研基础部总监。

2003年摩托罗拉并购案失败后，华为集团高层下定决心，不要那顶牛仔帽了，要自己干。

有一天，任正非找到何庭波，交给她一项任务："给你两万人，每年4亿美元的研发经费，做自己的芯片，一定要站起来！"

集中优势兵力，对准一个城墙口冲锋，这是任正非和华为一贯的打法。当时整个华为只有3万人，每年的研发预算不到10亿美元，如此高额的投入研发芯片把何庭波"吓坏"了。但是任正非决心已定，华为就是要大力研发芯片。

第十章 芯片战争

2004年，海思正式成立。

多年后，任正非说，华为坚持做系统、做芯片，是为了在"别人断我们粮"的时候有备份系统能用上。从今天的视角往回看，任正非的预见性令人震惊。

虽然有人才，有资金，更有老板的支持，但海思的起步异常艰难，甚至一开始连定位也不清晰，几乎是一事无成，这出乎很多人的意料。

大家都觉得，两万个工程师，一年4亿美元的投入啊，根据当时的汇率，怎么着每年也是30多亿人民币，这些钱连接起来，能绕地球十几圈，怎么会一事无成啊？

其实，芯片研制领域是极少数玩家的乐园和深渊，绝大多数公司根本不具备实力。我举个例子。制造芯片的光刻机，其精度决定了芯片性能的上限。在2016年"十二五"科技成就展览上，中国生产的最好的光刻机加工精度是90纳米。这相当于2004年上市的奔腾四CPU的水准。而此时国外的光刻机精度已经做到了十几纳米。光刻机里有两个同步运动的工件台，一个载底片，另一个载胶片，两者须始终同步，误差在2纳米以下。两个工作台由静到动，加速度跟导弹发射差不多。在工作时，这两个工作台相当于两架大飞机从起飞到降落，始终齐头并进，在这个过程中，一架飞机上伸出一把刀，在另一架飞机的米粒上刻字，而且不能刻坏。

很多人都觉得，我们在那么艰苦的情况下，连"两弹一星"都造出来了，还造不出来芯片？实事求是地说，我们以举国之力，一定会造出来芯片，并且确实造出来了，但是这些人忽略了一个问题：造"两弹一星"需要考虑成本吗？

大头侃人：任正非

"两弹一星"作为战略性威慑武器，只要我们有了，就达到了战略威慑的目的，所以花多少钱都可以，但是芯片作为民用品，是不能用这个逻辑去考虑的。

民用科技产品有两个主要的特点，一个是先进，另一个是便宜。芯片制造领域是赢者通吃的领域，最好的产品一般都是既先进又便宜，因为它的技术领先，采购量大，所以价格也能降下来。

这就是市场的力量，导致了优胜劣汰，也导致了军工产品逻辑在民用市场上失灵。改革开放以来，我们有许多军工企业倒闭或者破产，就是这个原因。

我们继续来说芯片，在开始的两年里，海思团队一直在黑暗中摸索，不得要领。

直到2006年前后，联发科在业内首创交钥匙（Turnkey）工程，将手机主要功能集成在一颗芯片上，大大降低了造手机的难度。山寨机迅即在全国泛滥，联发科也从一家DVD小厂一跃成为比肩高通的芯片制造商。受此启发，海思开始着手打造自己的Turnkey方案。

芯片开发是一项复杂的系统工程，技术难度大，研发周期长，没有捷径可循。

何庭波对此心知肚明，每当员工士气低落时，她总是给他们打气："做得慢没关系，做得不好也没关系，只要有时间，海思总有出头的一天。"

尽管如此，海思起步时的艰难曲折还是超乎她的想象。据华为"老兵"戴辉介绍，任正非当初曾给海思定下目标：三年内，招聘2000人，外销40亿元。结果，招聘2000人的第一个目标很快就完成了，外

第十章 芯片战争

销40亿的第二个目标遥遥无期。可见花钱和挣钱是完全不同的事，花钱如流水，挣钱如结冰。

事实上，最初三年，海思除了在数据卡、机顶盒、视频编解码芯片上小有斩获外，几乎颗粒无收。核心的手机芯片研发进展缓慢，直到2009年海思才发布了第一款手机应用处理器K3V1。

K3是登山界对喀喇昆仑第三高峰布洛阿特峰的编码。但这个名字不仅没能给海思带来好运，反而见证了其跌倒。由于产品定位不准确，对手机设计公司有一定的技术要求，销售策略失当，操作系统更选了Windows Mobile，K3V1从一开始就处境困难，甚至被自家手机厂弃用。

无奈之下，海思只好找山寨厂家合作，此举极大伤害了华为的品牌价值。最终，K3V1以惨败收场。这让华为高层深刻意识到：芯片要突破，离不开母厂的支持！比如，高通有万千手机厂扛鼎，苹果和三星这两大手机巨头都使用自家的芯片。于是，华为整合了芯片和终端业务。

在之前芯片研发工作停滞阶段，华为欧洲研发负责人王劲被紧急调回上海，开始研发移动通信的核心器件——基带处理器。王劲被认作在华为研发工作中"最能啃硬骨头"的人，他与队友们奋战近千个昼夜，于2010年初推出了首款支持TD-LTE的基带芯片——巴龙700。这款基带处理器的研发成功，象征着华为打破了高通对基带处理器的垄断。

之后，海思团队在何庭波的领衔下，继续向芯片领域更高的雪山挺进。曾经的Windows Mobile被弃用，代之以安卓系统，芯片架构也换成最流行的ARM。在一次次反复的测试和改进后，2012年8月，

大头侃人：任正非

K3V2横空出世，并且第一次在华为手机上使用。华为对K3V2寄予厚望，把这款芯片用在自己的多款旗舰机上。K3V2是2012年业界体积最小的四核A9架构处理器，采用TSMC 40纳米工艺制造，算得上一款比较成熟的产品，但与高通、三星的28纳米工艺相比，K3V2仍有不小的差距，搭载K3V2的华为手机的用户体验不够好。首款搭载K3V2芯片的D1四核手机，因为发热量大，被网友戏称为"暖手宝"。各种兼容性问题更是层出不穷，以致研发人员不得不加班加点，从软件层面来弥补芯片上的漏洞。

更要命的是，在投入使用后两年时间内，K3V2没有升级换代，导致华为之后陆续发布的D2、P2、Mate1、P6等一系列手机一直沿用老款芯片。市场上，"万年海思"的调侃盛极一时。

不少人甚至幸灾乐祸，认为这就是华为挑战高通和苹果的结果。这个时候，何庭波特别苦闷和无助，她不知道这个团队存在的价值在哪里。

危急时刻，任正非站出来说："（芯片）暂时没有用，也还是要继续做下去。一旦公司出现战略性的漏洞，我们不是几百亿美元的损失，而是几千亿美元的损失。我们公司积累了这么多的财富，这些财富可能就是因为那一个点，让别人卡住，最后死掉……这是公司的战略旗帜，不能动掉的。"

关键时刻，任正非为华为内部的争论画上了句号。所以，兵熊熊一个，将熊熊一窝，**任何时候，企业负责人的眼界和视野，对企业来说都是性命攸关的事情。**

有了任正非的肯定和坚持，面对外界排山倒海般的质疑，海思内部变得出奇的安静，只有实验室里的灯火彻夜通明。这灯火只为了关键时刻的反戈一击。

第十章 芯片战争

2014年初，海思发布麒麟910芯片，第一次将基带芯片和应用处理器集成在一块SOC（系统级芯片）里，采用了顶级28纳米HPM封装工艺，追平了高通。

从此，海思以麒麟910为起点，开始了手机芯片史上一段波澜壮阔的逆袭。从麒麟910到麒麟980，海思气势如虹，一款比一款成功，不但在工艺上领先，性能和功耗上更比肩业内最优。曾经被自家人嫌弃的海思芯片，最终蜕变为华为手机跻身全球第二的关键助力。

从P6到P30，再从Mate 7到Mate 20，搭载海思芯片的华为手机先后成为爆款。为了实现这一蜕变，海思历尽各种艰辛，有时甚至付出了生命的代价。

华为的悲壮，华为的成就，华为的荣耀，都是一代又一代的华为人前仆后继，靠着血与泪堆出来的。

何庭波和她带领下的海思团队入行二十几年，经历了从0.5微米到7纳米的变迁，何庭波已升为海思掌舵人，但她更喜欢自己工程师的身份。

2013年，正在研发麒麟950的海思团队前往美国伯克利大学，拜访了胡正明教授。当时，手机芯片性能的提升正面临工艺极限的挑战，胡正明教授发明的两种技术代表了突破的方向。何庭波一见到胡正明教授就表达了自己的敬意："像你这样了不起的科学家，也许很快就要得诺贝尔奖了！"

胡正明的回答却让她有些惊讶："我不觉得我是科学家，我是一名工程师！"

在胡正明看来，科学家发现自然界已有的规律，工程师发明自然界上不存在的东西，造福于人类，所以工程师比科学家更牛。他为自

大头侃人：任正非

己身为一名工程师、一个发明东西的人而感到骄傲。

前辈大师的话，深深触动了何庭波，那也是她和海思团队多年来的坚守。

何庭波的信仰，也是英年早逝的王劲，乃至徐文伟、郑宝用、李征、高戟等无数华为芯片事业奠基人的共同信仰。支撑他们前进的，不是外界羡慕的高薪，而是眼看着自己设计的芯片让身边的世界一点一点变得不一样。

正是这种永不满足、改变世界的信仰，成就了今天的海思。

1957年诺贝尔奖获得者杨振宁教授曾在媒体采访时说，自己一生最大的成就，是"帮助克服了中国人觉得自己不如人的心理"，让中国人觉得自己是能的。在中国追赶工业革命的道路上，任正非和华为很大的成就也在于此。

正是有了任正非的高瞻远瞩和不懈支持，有了何庭波二十多年的坚持和隐忍，有了徐文伟、郑宝用等人奠定的坚实基础，有了王劲、胡新宇等人的牺牲，才有了海思如今的高光时刻。

2019年，海思的安防芯片已经超越德州仪器成为世界第一，市场份额一度占据70%。其高端路由器芯片早在2013年就处于全球领先的位置。

2017年，华为手机全球出货量大约为1.53亿部，其中7000万部手机使用了麒麟芯片！

2018年8月正式发布的麒麟980，是全球首个采用台积电7纳米制程的手机芯片，集成69亿个晶体管，性能和能效得到了全面的提升。

华为官方表示，麒麟980是1000多名半导体工程师组成的团队耗时36个月打造而成的，比起麒麟970，麒麟980的单核性能提升了75%，同时功耗可减少58%。麒麟980在性能上，追平高通骁龙845，媲美苹果A12，达到当时世界顶尖水平。

2019年9月，华为发布了自家新一代旗舰芯片麒麟990系列，共有麒麟990和麒麟990 5G两款芯片。华为消费者业务首席执行官余承东表示，麒麟990 5G处理器采用双大核构架，同时板级面积相比业界其他方案小36%，在一颗指甲大小的芯片上集成了103亿个晶体管，是目前晶体管数最多、功能最完整、复杂度最高的5G SoC。麒麟990 5G立足现在，呼应未来，平稳应对5G时代演进，单芯片内可实现2G/3G/4G/5G多种网络制式，轻松满足多种需求。

应该说，海思芯片的强势出世，在中美贸易摩擦的敏感时期，给了华为和国人一剂强心针，华为不像中兴那样被人吊打或摁在地上摩擦，从这个角度来说，这支埋伏了十几年的奇兵终于在危险时刻杀出，扮演了救主的骑士角色，令人感佩。

一家企业面对一个超级大国的封杀，竟然可以不落下风，这本身就是一个奇迹。

第十一章

美国为何要拼死打压华为

贸易战打的是现在,科技战打的是未来,而华为的底牌还没有翻完。

第十一章　美国为何要拼死打压华为

华为与美国的恩怨，我在前面陆陆续续地讲了不少，包括2003年华为与思科的世纪之战、2018年12月的孟晚舟事件，2019年美国政府以国家安全为由将华为列入了管制"实体名单"。

美国作为超级大国，不择手段地对华为这个中国民营企业进行全力打压，因为一家国外民营公司进入紧急状态，这在世界政治史和商业史上都是绝无仅有的。从这里也能看出华为已经成长为一个令美国相当忌惮的存在。

那么问题来了，那么多中国企业，美国为什么不打压同为行业巨无霸的阿里巴巴和腾讯，偏偏要死咬着华为不放？

根本原因是，华为做的事情与阿里巴巴和腾讯完全不同，美国认为它对美国形成了根本性的威胁。阿里巴巴和腾讯发展得再好，在很多方面都算是互联网平台的应用方，并不是底层建设方以及核心底层科技的掌握者，美国不会认为它们形成根本性威胁，因为它们的基础构架是建立在美国为全世界设计的基础构架上的。

从极端一些的角度看，阿里巴巴和腾讯都属于无本之木、无源之水，只要美国把"根"掐断，立马就断绝了它们的生机。在别人的地皮上盖的房子，一定会受制于人。看看这两年中兴的遭遇，就知道这不是危言耸听。

大头侃人：任正非

而华为的5G是1840年以来中国第一次在国际技术领域领先世界，是在西方技术体系上撕开了一个巨大的缺口，改变了中国只能占据下游的格局。

5G的性能目标是高数据速率、减少延迟、节省能源、降低成本、提高系统容量和大规模设备连接等，比4G快10倍以上。4G主要解决的是人与人的沟通，5G主要是解决物与物以及人与物之间的沟通。

对普通用户来说，当前的5G不过是速度更快，不到一秒钟即可完成一部高清电影的下载，但面向更广阔的领域，目前热炒的车联网、物联网、智慧城市、无人机网络等，都需要通过5G技术来实现。

当下对5G没有太大需求，并不表示未来没有需求，因为需求很多时候是被创造出来的，例如电话相对于电报、手机相对于BP机、智能手机相对于功能机。

新技术只要出现，就会相应创造出之前无法想象的需求，很快改变大众的行为模式和思维模式，使其习以为常。

5G，代表的是人类征服世界能力的巨大进步，是借助工具实现了人的又一次进化。

在产业界流传着一句名言，叫作"一流的企业做标准，二流的企业做品牌，三流的企业做产品"。华为在5G上的领先，对美国来说，最致命的是"先发者"对规则和标准、框架的优先制定，等于扎下参天大树的树根，要彻底改变美国为世界创造的基础构架，于是引起了美国的极大警觉。

在美国看来，从4G到5G的转变，将极大地影响全球通信网络的未来，并从根本上改变美国的全球战略环境。华为在5G领域的深耕和领先，有可能将中国从资本劳动密集型制造业经济体转变为创新型经济

第十一章　美国为何要拼死打压华为

体,这将从根本上形成对美国的竞争,使美国在第四次工业革命中丧失先发优势,引发连锁反应,导致美国的相对落后。

有华为在"无人区"探路,5G在中国的实施速度那叫一个迅猛,中国政府敏锐地意识到这是一个历史的赶超窗口期。在特朗普签署紧急状态命令的次月,中国政府工信部直接对中国移动、中国联通、中国电信、广电颁发了5G商用牌照。要知道,以往这种牌照都要经过两三年试运营牌照,才能转为正式商用牌照。

美国政府与华为的角力,其实是美国与中国全方位竞争的缩影,是美国面对中美相对实力的变化做出的应激反应。

1952年,中国的GDP仅有679亿元。到1986年,中国的GDP突破1万亿元,这一跨越我们花了三十四年;从1万亿元到2000年突破10万亿元大关,我们花了十四年;从10万亿元到2019年近百万亿元,我们只用了十九年。

按照这个速度,到2030年左右,中国大陆的GDP将超过美国。所以,时间拖得越久,对中国越是有利,对美国越是不利。

支撑近年来中国经济高速发展的,是中国产业的升级和人才的大量涌现。

根据统计局数据,中国接受过高等教育的人数超过1.8亿人,已经超过了美国的1.3亿人。据《美国科学院院报》,中国拥有全球最多的理工人才,44%的中国大学生主修自然科学工程学,而美国只有16%。要知道,这个比例的巨大差异是建立在中美两国更为巨大的人口差异上的:中国有14亿人口,而美国只有3亿,更何况美国的这16%中还有很多是华裔。

美国会安然接受这样的结果和发展趋势吗?

大头侃人：任正非

为了迎接未来的挑战，提高自主研发能力，中国政府曾于2015年制定发布了《中国制造2025》。

按照《中国制造2025》，中国要从制造业大国向制造业强国转变，以加快新一代信息技术与制造业深度融合为主线，通过"三步走"实现制造强国的战略目标，大力推动重点领域突破发展，聚焦新一代信息技术产业、高档数控机床和机器人、航空航天装备、海洋工程装备及高技术船舶、先进轨道交通装备、节能与新能源汽车、电力装备、农机装备、新材料、生物医药及高性能医疗器械十大重点领域。

在美国看来，这将极大地动摇以美国为主的西方发达国家在高端制造业的领先地位，《中国制造2025》的目标一旦实现，中国将大大降低从美国进口的高端制造产品，并在出口方面形成与美国的竞争。

所以，美国政府下定决心狙击这个进程，枪打出头鸟，华为就是那只最杰出的"出头鸟"。美国政府对华为一再进行打压。

2020年3月26日，根据路透社最新消息显示，美国内阁高级官员同意采取新措施，限制全球向华为供应芯片，其中可能包括一些关键的芯片产业链厂商。据悉，此次禁令主要是通过限制使用美国技术、零件的外国供应商来实现。而美国方面做出该项决定的原因却是，白宫将新冠病毒蔓延归咎于我国。

针对美国政府的"加码"新动作，华为轮值董事长徐直军的回应相当硬气："我期待这条信息是假的，否则后患无穷。全球产业链任何一个环节的玩家都很难独善其身。"如果美国加大力度打压华为芯片业务，那么华为依旧能够从中国台湾MTK、中国展讯、韩国三星购买相关的芯片来生产制造华为手机，即便是华为遭受到了芯片打压，中国也会诞生更多、更强的芯片企业，成为世界顶级的芯片设计、制

第十一章　美国为何要拼死打压华为

造企业之一。

美国时间2020年5月15日，美国商务部网站修改了对华为的制裁内容，其制裁内容全面升级，所有使用美国技术的厂商，向华为提供芯片设计和生产都必须获得美国政府的许可，包括：任何利用美国软件工具设计的华为或海思设计都需获得美国许可；任何根据华为或海思设计生产的芯片都需要事先获得美国许可。

2019年，因为华为被列入管制"实体清单"，华为手机海外销售减少了100多亿美元，但是华为的业绩依然昂扬，这是对美国的不断打压最好的回应。华为2019年年度报告显示，2019年华为全球收入8588亿元人民币，同比增长19.1%，净利润为627亿元人民币，同比增长5.6%！

华为从成立到现在，一直走的都是艰难的道路，选择的是"窄门"，压力和压力下的爆发，在华为是常态。美国政府的全力压制，是华为前进路上的巨石，但不是翻不过去的高山。

在这场"限制战"中，华为固然遭受了一定的损失，但美国方面也不是毫发无损。美国波士顿咨询公司于2020年3月发布的《限制对华贸易将如何终结美国在半导体行业的领导地位》的研究报告中指出，2019年5月美方禁止对华为公司出售技术后，美国半导体行业领先企业的销售额在之后三个季度都连续出现了4%至9%的下降。这份报告给出了两种情况下的评估，第一种假设是"美国维持现有的对华出口限制和技术管制"，第二种假设是"彻底终止双边技术贸易、技术领域对华脱钩"。据此测算的结果显示，如果第一种假设发生，影响将在两到三年后显现，三至五年后美国半导体企业从中国市场获得的营收

大头侃人：任正非

将减少55%，全球市场份额下降8%，全球营收减少16%，研发投入下降13%至25%。如果第二种假设发生，中美出现"脱钩"，那么影响将在禁止决定做出后立刻产生，三到五年后美国半导体企业彻底退出中国市场，其全球市场份额下降18%，全球营收减少17%，研发投入下降30%至60%。总之，美国政府在半导体领域限制对华贸易甚至直接"脱钩"将永久性损害美国半导体产业，并最终导致其失去全球竞争优势和领先地位，对美国负面影响显著。

贸易战打的是现在，科技战打的是未来，而华为的底牌还没有翻完。我们大众对于华为的认识，也只看到了华为的冰山一角，其下是华为多年来形成的深厚底蕴。单说华为在研发上的布局，就能明白华为为什么能够扛住美国政府的压力。

根据华为2019年年报，华为在未来前沿技术探索和基础研究上，每年投入30—50亿美元。华为现有约1.5万人从事基础研究，其中包括700多位数学博士、200多位物理和化学博士、5000多位工学博士。同时，华为与全球300多所高校、900多家研究机构和公司合作，充分利用全球创新资源，走开放式创新道路，吸纳世界范围内的专业人才共同开展研究工作。

华为是全球最大的专利持有企业之一，截至2019年底，全球共持有有效授权专利85000多件，其中90%以上专利为发明专利。2019年，华为从事研究与开发的人员约9.6万名，约占公司总人数的49%；研发费用支出超过1300亿人民币，约占全年收入的15.3%，近十年累计投入的研发费用超过人民币6000亿元！

超前的眼光、庞大的人才群体和海量研发资金的注入，这才有了

第十一章 美国为何要拼死打压华为

华为在诸多领域的世界领先地位。

而且,这样的研发是在极其规范的现代管理模式下进行的,有目标,有步骤,有结果,而华为的思维除了最重要的"以客户为中心",还有"集体决策"、"以奋斗者为本"、"熵减"、"从泥坑里爬起来的就是圣人"(批评与自我批评)、"灰度哲学"、"让听得见的人呼唤炮火"、"蓝军思维"、"胜则举杯同庆,败者拼死相救"等一系列融入血肉的近乎本能的思维模式,这就保证了华为绝不会是昙花一现,不会是"其兴也勃焉,其亡也忽焉",不会是烈火烹油。华为如同一股巨流,奔涌向前,沛然莫御。

哪怕某一天任正非不在了,华为依然是那个华为,不会出现任正非不在就分崩离析的局面,因为任正非已经把自己化身为所有华为人,其精神已经得到传承,火种已然种下,所有的华为人都是任正非。

美国的打压对华为有没有影响呢?当然有影响。2019年,美国的压制就给华为手机销售收入减少了100多亿美元,降低了华为的增长率,2020年,华为将面临更为严峻的考验,有可能损失更大,增长率再次降低。

但是华为并不惧怕,因为美国政府对华为的打压并不是最近三四年的事情,而是已经持续了十几年,导致华为产品一直无法进入美国,华为早已经习惯了这种打压。

福祸相依,任正非甚至很"高兴"美国的打压。

2019年3月,任正非接受了美国有线电视新闻网(CNN)的采访,记者问道:"在华为未来发展中,哪方面是让您最兴奋的?在所有未来发展中,包括5G和服务器,哪方面是您最期待的?"

大头侃人：任正非

任正非的回答出人意料，他说："我今天最兴奋的是美国对我们的打压。因为华为公司经历了三十年，我们这支队伍正在惰怠、衰落之中，很多中、高级干部有了钱，就不愿意努力奋斗了。一位名人说过，'堡垒最容易从内部攻破，堡垒从外部被加强'，我们这个堡垒的内部正在松散、惰怠之中，美国这样一打压，我们内部受到挤压以后，就更团结，密度更强，更万众一心，下决心一定要把产品做好。"

这就是任正非的格局和视野，是超越了个人，超越了家庭，超越了公司，站在历史、现在和未来的角度看着这个世界向前奔跑。

第十二章

华为为什么伟大

伟大的背后都是苦难,从任正非的成长经历来看,他其实是一个大时代的缩影。

第十二章　华为为什么伟大

从某种程度上可以说：一个任正非，半部当代史。伟大的背后都是苦难，从任正非的成长经历来看，他其实是一个大时代的缩影。

很多人说华为是一家非常伟大的公司，那么华为究竟伟大在什么地方？它这些年凭什么横扫亚欧大陆，所向披靡，成为当今世界通信行业的王者？

第一个伟大之处是，华为以客户为中心。

"以客户为中心"这句话我们在很多地方都能看到，贴在墙上，存在电脑里，但华为把这句话贯彻得淋漓尽致，融入企业文化。"以客户为中心，为客户创造价值"，这也是任正非唯一承认的"华为哲学"。

据说，摩根士丹利首席学家罗奇曾经率领一个投资团队访问华为总部，但是任正非没有亲自出面迎接，只派了负责研发的常务副总裁去接待。事后，罗奇失望地说："他拒绝的可是一个3万亿美元的团队。"罗奇觉得自己是一把手，华为也得来个一把手接待他，这样才像话。

没想到，任正非听到这句话就怼了回去："他罗奇又不是客户，我为什么要见他？如果他是客户的话，最小的我都会见。他带来机构投

大头侃人：任正非

资者跟我有什么关系呀？我是卖设备的，就要找到买设备的人。"瞧，罗奇因为不了解任正非，那次碰了一鼻子灰。

熟悉任正非的人都知道，他是一个把客户需求当成信仰的人。

华为的"干部八条"中，第一条就是把精力放在为客户服务上，以客户为中心，这是华为的核心价值观。有一次，华为接待一个重要客户，会议室里的温度偏高，于是行政通知物业中心过来调了一下温度。结果会议开始后又有点儿冷，让来宾打了好几个喷嚏。

任正非立刻把深圳物业服务中心的部长降了职，把他的奖金和股权全部下调。其实这位部长有点儿冤枉，会议室的温度调太低了跟他没多大关系，是他手下人干的，并且他还是华为的元老级员工，但任正非就这样把他办了。

再说几个故事。

华为早期创业的时候，一个邮电局的科长到深圳考察，任正非请他吃饭。本来公司旁边就有大排档，但任正非非得亲自炒菜给他吃。

任正非说："请他吃饭也花不了多少钱，但我亲自下厨炒菜，客户就有被重视的感觉。"的确，如果我是那个科长，可就有了吹牛的资本："当年我去深圳，任正非亲自下厨炒菜给我吃！"

当年华为只有一辆车，如果任正非需要开车出去，而这时又要来客户，那么毫无疑问，这辆车就要去接客户，任正非也不能用，得自己打车。

有一年，任正非去新疆办事处视察，当时的新疆办事处主任刚刚从一线提拔上来，对任正非不是很了解。为了表达对任正非的重视，他租了一辆加长林肯去机场接任正非。

第十二章　华为为什么伟大

大家这几年也看到过任正非一个人深夜在机场等着打出租车的照片，他一贯都是轻车简从，所以，这个办事处主任拍马屁刚好拍到了马蹄子上。

任正非一看到这辆加长林肯，立刻就炸了："浪费，浪费，纯属浪费！"那个主任还没等解释，任正非已经劈头盖脸，指着他鼻子开始骂了："为什么你还要亲自来迎接？你应该待的地方是客户办公室，而不是陪我坐在车里。客户才是你的衣食父母，你应该把时间放在客户身上！"那个主任被骂得晕头转向，他的确搞不清楚，大多数领导都吃这一套，自己为什么就被骂得这么狠？千穿万穿，马屁不穿，但是在任正非这里不好使，马屁一拍就穿。

任正非说过一句话"屁股对着老板，眼睛才能看到客户"，这塑造了华为的工作价值观，大家不再把精力放在内部的等级和讨好上，全部放在了客户身上。

第二个伟大之处是，华为人坚持艰苦奋斗的精神。

华为有一个"床垫文化"，每个人都常备一个垫子。任正非的办公室里常备一张小床，加班的时候，往地上一摆就能睡。有人抱怨在华为上班太累了，任正非说："为了这公司，你看我这身体，什么糖尿病、高血压都有了，你们身体这么好，还不好好干？"

进入华为的新员工都要签一份苛刻的《奋斗者协议》，其中有这样一句话："我愿意申请成为公司的奋斗者，自愿放弃所有带薪年休假，自愿进行非指令性加班。"

任正非就是这么强势，他说："华为没有院士，只有院土。要想成为院士，就不要来华为。你过去可以娇生惯养，但加入华为就不可以。

进了华为就是进了坟墓，娇生惯养的回去找爹妈！"

任正非自己拼命，就连他的女儿孟晚舟也不例外。从加拿大法院开庭的情况看，刚刚46岁的孟晚舟多种疾病缠身，高血压和睡眠窒息的问题已经困扰了她很久。

华为曾经有一张宣传图片，上面一只华美的芭蕾舞鞋、一只伤痕累累的脚，附有一句广告语："伟大的背后都是苦难。"这句话说的是华为，是任正非，是孟晚舟，也是华为所有员工……

据说，日本有一个专家在猎头的"忽悠"之下入职华为。

第一天，他召集手下开会，非常严肃地说："声明一下，我是个工作狂，经常加班。所以在和大家共事的时候，会占用大家大量非工作时间，请大家配合我的工作！"说完深深地给大家鞠了一个躬。不过，他发现大家看他的眼神很奇怪。

三个月后，这位专家辞职了。离开华为那天，他涕泪横流地说了一句话："你们这样加班是不人道的！"从这个故事来看，华为的成功绝对是血泪血汗的成功。

再说一下华为员工坐飞机的时间。在华为，如果你要出差，一定不要选择上班时间坐飞机，要么坐早晨9点之前的飞机，要么坐晚上6点之后的飞机。如果你在工作时间坐飞机，你的名字马上就会出现在通报里。所以华为的核心价值观就是长期艰苦奋斗，倡导和激励艰苦奋斗。

一个团打山头，团长打不下来，当场就把团长撤了，让营长当团长，营长不行，就让连长来，最后山头真的打下来了，连长就变团长了……在华为，这叫作"让听见炮声的人来决策"。

第十二章 华为为什么伟大

在任正非看来,坐办公室的人指手画脚,他们懂什么呢,应该让一线的人来决策。

有了这样的激励和倡导,华为的员工个个都是凶猛的狼,嗷嗷叫,为见一个客户能死磕门卫三个月,在某国政变的枪声中讨论技术方案,在塔利班的迫击炮下修复网络。在俄罗斯,华为四年没有一单生意,西门子、阿尔卡特都撤了,但华为人始终坚守在西伯利亚,最后将业务做到了十几亿美元。

华为为什么伟大?就因为他们特别敬业。哪怕碰到一些国家发生动乱,大家都跑了,华为的员工却逆向而行。华为在日本受到那么高的评价,就因为日本的核电站泄漏事故发生以后,很多人都跑了,只有华为的员工逆向而行,协助日本人处理事故。所以日本人很感动,把很多电信工程都给了华为。

在中东,有一个国家打仗,政府军派人维护自己地盘的网络,反对武装也派人维护自己地盘的网络,可是中间地带是空白区,信号无人维护,怎么办?

讲起来有点儿搞笑,最后就由华为员工来维护。华为人的敬业已经到了不要命的地步,这一点是真了不起,让人由衷地敬佩。

第三个伟大之处是,华为重视人的作用,特别体现在薪资方面。

1993年,华为的研发业务刚启动不久,任正非就跟手下说,多招人,招能人。

有一天,任正非去华为北京研究所视察,很生气地对所长刘平说:"你们怎么才这么一点儿人呀,不是叫你多招工程师吗?"刘平说:

大头侃人：任正非

"害怕人多了没事干。"这句话说得没毛病，结果任正非发火了，说："叫你招你就招，没事做，招来洗沙子也可以。"刘平就真的放开招了，任正非很满意。

但是这时候兜里已经没钱了，任正非就贷款给工程师发工资。为什么那么多名牌大学毕业生都喜欢去华为，喜欢跟着任正非干活？就因为任正非特别喜欢发钱。

华为的一位老员工这样说："那时候薪水涨得很快，有人一年涨了7次工资，刚进公司时月薪560元，年底加到了7600元；有人一年涨了11次。最多的是一个研发部门，所有人一年加了12次工资……"

任正非把大量资金都集中投注在科研投资上，对员工极其大方，对自己却抠门得很，顾不上自己享受。直到2000年，任正非才买了房子，在这之前，任正非只有一个30多平方米租来的房子，面朝西，一到下午就热得没法住。

第四个伟大之处是，企业创始人的格局。

华为通过工会实行员工持股计划，员工持股计划参与人数为104,572人（截至2019年12月31日），参与人均为公司员工。员工持股计划将公司的长远发展和员工的个人贡献及发展有机地结合在一起，形成了长远的共同奋斗、分享机制。

任正非作为自然人股东持有公司股份，同时，他也参与了员工持股计划。截至2019年12月31日，任正非的总出资相当于公司总股本的约1.04%。一家公司的创始人所持股份如此之少，世所罕见。

根据华为2019年年报，2019年，华为销售收入8588亿元，支付员

第十二章 华为为什么伟大

工工资、福利及奖金1349.37亿元。2016年,华为在南京的招聘合同曝光,一名应届毕业生年薪28.8万。华为高级副总裁陈黎芳曾经说:"我们从14万到17万起薪,最高到35万人民币每年。"

华为的首席财务官孟晚舟曾在演讲中说:"以前,我们是按学历定薪。现在,我们是按价值定薪。牛人年薪也不封顶。你有多大雄心、有多大能力,我们就给多大的薪酬。"

更霸气的还在后面。在华为,年薪超过100万的人有一万多人,年薪超过500万的有一千多人!任正非有一句名言:"钱给多了,不是人才也变成人才。"

说实话,任正非这种老板除了干活有点儿狠,在其他方面的表现挺让人待见的。有一个小伙子,在手机销售任务200万元的目标下,将销售额做到了1.3亿元。还有一个小伙子,在非洲一干就是十多年。有一个巴西籍员工,在没有人要求的情况下,为公司节省了3000万美元税费……

为什么大家这么拼?因为华为员工都知道一点:自己对自己的绩效负责,"只要做好了这一点,公司一定不会亏待我"。

任正非一点儿也不心疼钱,他说过这样一句话:"如果员工感谢华为,那我相信华为是做错了,一定是我给他给多了。"言下之意就是,华为人的努力配得上他的收入。

此外,任正非这个人特别淡泊名利。许多企业家都热衷于参加社会活动,比如颁奖领奖啊、培训讲学啊,任正非对这些事一点儿兴趣都没有。我曾经讲过,任正非在部队的时候遭受过不公平的待遇。因为家庭出身的原因,他带的兵都立功受奖了,偏偏他与奖项无缘。从

— 247 —

大头侃人：任正非

那时候起，任正非就养成了淡泊名利的心态。"文化大革命"结束以后，各种奖励荣誉都来了，但是任正非早已看淡这一切。

2004年，央视"年度经济人物"要颁给任正非。这种荣誉对很多企业家来说是梦寐以求的，但任正非知道以后就派了一个高层去央视公关，坚决要求把自己撤下来。央视高层一脸蒙圈，这可是"年度经济人物"啊，相当于当着全国人民的面给他加冕，不用他拿钱，给他荣誉竟然也不要。电视台这么多年还是头一次遇到这种情况。任正非说，他不需要这些东西，华为不做企业明星，只做明星企业。

2005年4月，任正非被《时代》周刊评选为"有影响力的人物"，华为总裁办发了这样一封邮件：

> 事先公司并不知情，公司过往从来没有就此事与《时代》周刊有任何往来，不知他们是因何评选任正非的。我们认为任正非是不堪此称号的。
>
> 《时代》周刊也是一种媒体，与中国的一些媒体一样，读一读、笑一笑就过去了。对外界和媒体的各种议论大家不要太在乎，还是好好地努力工作。任正非也一样，他也不会背上包袱的，也会像你们一样活泼、轻松、记性不好的，还会继续为公司的未来而努力工作的。
>
> 外界总喜欢将成绩扣到一个人头上，以虚拟的方法塑造一个虚化的人，不然不生动。总之，公司领导集体并不认为任正非如媒体描述的那样。

典型的任正非说话风格，明眼人一眼就能看出，这肯定是任正非写的。

第十二章　华为为什么伟大

就连国家评选"改革开放四十年百名企业家",这种含金量极高的国家级荣耀,也被任正非主动谢绝,他说他在会议室里坐不住,只有在公司他的灵魂才可以安顿。

正因为这一点,任正非不进任何商家的圈子,像马云、柳传志这种圈子统统不进。任正非说:"高科技企业以往的成功,往往是失败之母,在这瞬息万变的信息社会,惟有惶者才能生存。"

第五个伟大之处是,任正非的全球视野。

华为公司在中国,但是如果把华为比作一辆车的话,那么它的零部件来自全球各地。

直到2000年前后,任正非才还上了以前所欠的债务,座驾从二手的标致换成了宝马。华为管理顾问吴春波讲过这么一个段子:"任正非开始换车了。他一开始开的是二手标致,拉着我没事兜风,后来换了一部宝马。有一天在深圳大街上,他把天窗打开,超了郭士纳的车,然后问郭:'开过宝马吗?'郭士纳不理他。老任又问,郭士纳还不理他。第三次问,郭士纳说:'你要表达什么?'老任说:'宝马的刹车在哪里?'"

这个老段子说明一个问题,就是当时华为成长得特别快,上万人拥进企业来,只学会了高速成长,没有学会对成长的管理。任正非意识到这一点以后,决定改造华为,把这帮泥腿子改造成正规军。

怎么改造呢?这就靠华为的全球视野。

学英国的制度、美国的创新、日本的精益、德国的规范,开始引进IBM的管理方式、微软的数字制度、丰田的精密生产、毕马威的财

大头侃人：任正非

务体系。猜一猜，这些引进华为花了多少钱？40多亿元！这么下成本去改造公司的管理，在中国是旷古绝今的。

引进国外先进管理制度的时候，很多华为员工都反对："西药真的管用吗？""土鳖就是土鳖，再怎么改造也变不成海龟。""穿上美国鞋的狼群，会不会走火入魔？"……

这些议论传到任正非耳朵里，任正非火冒三丈，说："我最痛恨'聪明人'，认为自己多读了两本书就了不起。不愿学习的人，就种地去，靠边站。学不好的人，滚回去做工程师。不适应的人下岗，抵触的人撤职。"

任正非这么一拍桌子，没人敢吱声了，就这样，华为完成了自己的改造。40多亿元，看上去任正非花得很冤，但是他把这些钱花光，就把优秀的人类成果转为华为所用了。

完成这一系列改造，华为的国际化道路就打开了。

第六个伟大之处是，任正非始终保持头脑的清醒。

2017年华为销售收入超过6000亿元，应该说华为在中国的企业界是首屈一指的优秀企业了。元旦的时候，华为开了一场节前座谈会，任正非让各部门的负责人都来聊一下这一年的得失和感悟。

年终盘点本来是件很高兴的事，但是任正非听完大发雷霆。——大家会发现任正非好像时刻都在发火，简直就是一个喷火的神兽。

任正非为什么发飙呢？就因为这些总结不实在，太虚，太飘。他把这些负责人的总结分成三种类型：

第一种类型是邀功求赏型，"花90%的内容来总结业绩，只用10%的内容来谈不痛不痒的问题"。

第十二章　华为为什么伟大

第二种就是指鹿为马型，"说存在的问题很严重，客户意见很大，为什么呢？因为他们给客户提供了很多服务，客户没事干了，所以意见很大"。

第三种就是避实务虚型，"人工智能讲了好几遍，'云'也讲了好几层，貌似已经探索到最尖端的前沿科技，但就是不讲实实在在的工作做得咋样"。

任正非越说越气，最后拍着桌子大吼一声："还过个屁年?!"

所以，你看，华为一片繁花似锦、烈火烹油的时候，任正非依然保持着头脑的清醒，这确实不容易。可想而知，各个部门负责人回去以后，工作作风一定会更加扎实。

2020年4月22日，任正非在接受《龙》杂志采访时坦言：

> 安卓和苹果的操作系统在世界的销售量是巨大的，消费者已经熟悉这两个操作系统。华为是个后来者，要让消费者认同我们的操作系统是很艰难的。所以说，华为的操作系统要想超越安卓和苹果的操作系统，可能需要很长时间，但不会超过300年。
>
> ……
>
> 我们这个操作系统才刚刚才开始，安卓的生态系统有280万个APP，我们的生态才有上万个，有巨大的差距。当然，我们的系统是后研发的，会有一些优点，但优点也得是消费者体验以后才会得到认同。

他还强调，华为与谷歌、苹果的关系十分友好：

大头侃人：任正非

虽然我们的手机没搭载安卓系统，但是三星等其他品牌手机有，我们的5G基站在全世界销售，苹果、三星等品牌手机使用我们的基站，有了生态。我们要感谢苹果与安卓，5G性能得到很好的发挥，就等于帮了我们的忙。安卓在帮我们的忙，苹果也在帮我们的忙，如果没有他们的生态，我们的基站又有何用呢？所以华为的操作系统没有恶性竞争，只是说当别人不给我们的时候找个出路。

对于外界关心的华为今后是否会在手机中替换掉所有美国零部件问题，这位华为创始人坚定地回答："不会，美国永远都是我们的好朋友。"他继续说道，"我们去年在美国采购了187亿美元的零部件，过去只有110亿美元，大幅增加了对美国零部件采购量。美国政府也批准了一些美国公司向我们供货。美国少数政治家的提议不完全代表美国政府的意见，很多美国公司得到美国商务部的批准向我们供应零部件，我们没有替换美国零部件的想法。"

在华为，"批评"与"自我批评"是常态，这里面也包括任正非。2018年，在华为内部的人力资源2.0总纲第二期研讨班上，从华为管理层到基层，给任正非提出了不少的批判和意见，整理出了任正非的"十宗罪"，辛辣，深入，火力很猛，不留情面。任正非坦然面对。

这"十宗罪"大致如下：

一、任总的人力资源哲学思想是世界级创新，但有的时候指导过深过细过急，HR体系执行过于机械化、僵硬化、运动化，专业力量没有得到发挥。

第十二章　华为为什么伟大

二、不要过早否定新的事物，对新事物要抱着开放的心态，让子弹先飞一会儿。

三、工资、补贴、奖金、长期激励机制等价值分配机制需要系统梳理和思考。

四、不能把中庸之道用到极致，灰度灰度再灰度，妥协妥协再妥协。

五、干部管理要风险和效率上追求平衡。

六、要重视专家，强化专家的价值。

七、反思海外经历适用的职务范围的问题。

八、不能基于汇报内容、汇报好坏来否定汇报人员或肯定汇报人员。

九、任总的很多管理思想、管理要求只适用于运营商业务，不能适用于其他业务。

十、战略预备队本来是"中央党校"，但由于实际运作执行问题，结果变成了"五七干校"。

这是从侧面和背面角度看任正非的一段分析。由此可见，任正非创业初期有过失误，如今公司成长为一个庞然大物，他的认知和能力依然难免有所偏差，同样可以预测的是，将来的任正非依然会有一些失误，但这无损任正非的伟大。

第七个伟大之处是，华为拒绝空谈。

有一个从北京财经大学毕业的才子，刚进华为时踌躇满志，就公司的经营战略洋洋洒洒写了一封万言书给任正非，他以为任正非那么

大头侃人：任正非

爱才，看了这封万言书一定感动得泪流满面。但是任正非看完以后火冒三丈，提笔就批复了一句话："此人如果有精神病，建议送医院治疗，如果没病，建议辞退。"

还有一次，华为要接待一个重要人物，几个副总裁准备了汇报的稿子，任正非拿起稿子看了没几行，"啪"的一声扔在地上，骂道："都写了些什么玩意儿！"任正非把鞋脱了，光着脚，像怪兽一样走来走去，边走边骂，足足骂了半个小时，没人敢吱声。

总裁办主任严慧敏当场就给骂哭了。任正非说："你别哭，你把郑宝用给我叫过来。"

郑宝用来了以后，任正非让他重写。郑宝用就写了几页，他看完点头说："到底是郑宝用，写得不错。"然后他指着郑宝用说："郑宝用，一个人能顶10000个。"再转身指着另一位副总裁说："你，10000个才能顶一个。"

之前我讲过，任正非其实有一段时间是有抑郁症的，脾气不好，外界都以为他是个暴君，其实很少有人能体会疾病对他的折磨，再加上有那么多事需要他处理。所以我觉得很多时候他的暴躁是一种病态的反应，但是大家都理解反了，认为他脾气不好。其实任正非的内心是非常柔软的。

1997年，华为市场部秘书处主任杨琳因车祸去世，任正非很伤心，写了一篇文章叫《悼念杨琳》。他说：

华为的光辉是由数千微小的萤火虫点燃的。萤火虫拼命发光的时候，并不考虑别人是否看清了他的脸，光是否是他发出的。没有人的时候，他们仍在发光，保持了华为的光辉与品牌，默默

第十二章　华为为什么伟大

无闻，毫不计较。他们在消耗自己的青春、健康和生命。华为是由无数无名英雄组成的，而且无数的无名英雄还要继续涌入，他们已在创造历史，华为的光辉历史，我们永远不要忘记他们。当我们产品覆盖全球时，我们要来纪念这些为华为的发展贡献了青春与热血的萤火虫。

铁汉也有柔情，并且有些时候还很宽容。

华为为什么伟大？我觉得，归根结底还是人的伟大，格局的伟大。

2018年12月1日，孟晚舟被加拿大当局拘押。她本来是要出席在阿根廷召开的华为公司代表处改革的会议，孟晚舟是主持人，任正非是主讲人，孟晚舟比任正非提前两天出发。

孟晚舟被扣押以后，所有人都劝任正非不要再参加阿根廷的会议。万一发生在孟晚舟身上的事情在任正非身上也发生了，结果不堪设想。但任正非坦然说："我们没有做什么错事，不需要心虚，如果我不去主持阿根廷改革会议，阿根廷改革没有成果，公司内部上层到下层管理是混乱的，全世界都认为我们做错了事情。"

任正非还是冒着巨大的风险飞去了阿根廷，会议顺利举行，全公司的士气一下子上来了。

任正非非常严肃严厉，其实他也有幽默的一面。有一次华为召开驻深圳全体员工会议，大家比较紧张，不知道领导层要出什么幺蛾子。

任正非一看大家这么紧张，为了缓和氛围，突然说了一句："华为的高层都长得丑，你看李一男，还有胡厚崑，长得多丑啊！你们站起来让大家看看。"

  这两个人正开着会呢，被老板突然点名就觉得莫名其妙，茫然之间，他们俩就站了起来，结果大家哄堂大笑，气氛一下子就轻松下来了。大家很开心，任正非自己也很开心。

  任正非的口才很好，再加上幽默的艺术，他的演讲总是受到大家的欢迎。每次上台前，观众们都掌声不断，每逢这个时候任正非都说："你们别鼓掌，再鼓掌我可就走了。"最后大家哈哈大笑，他就上台开始演讲。

  任正非自己不仅有这些柔软的情绪，他强调华为的管理层也要有。在华为有一个规矩，领导请下属吃饭是司空见惯的，但是不允许下属请领导吃饭。

  创业的时候，任正非就给各个部门经理发经费，让经理请下属吃饭，一周请一次。他说，铁军的领袖要关心下属，领导不请也得请，领导不关心下属，下属怎么好好干活呢？

  最后给大家讲几个小故事。

  2017年春节，73岁的任正非去玻利维亚度假。玻利维亚是高原地区，气候恶劣。那么任正非为什么选择这个地方度假呢？因为那里有华为派驻的员工，他去那里看看他们。而这并不是他第一次外出看望驻守海外的员工。

  利比亚开战前两天，任正非飞往那里看望员工；阿富汗战乱危险时期，任正非往那里看望员工；北冰洋开始转冷的时候，任正非赶去那里看望员工。

  任正非做过一个承诺："只要我还飞得动，就会到艰苦地区来看你

第十二章 华为为什么伟大

们,到战乱、瘟疫地区来陪你们。我若贪生怕死,何来让你们去英勇奋斗?"

一个耄耋之年的老人,还这样在全球一线奔波,让人特别感动。这些就是华为最伟大的地方,永远冲在最前线,上下同欲,万众一心。

普鲁士军事理论家克劳塞瑞茨在他的《战争论》中有一句很著名的话:

要在茫茫的黑暗中,发出生命的微光,带领着队伍走向胜利。

战争打到一塌糊涂的时候,高级将领的作用是什么?就是要在看不清的茫茫黑暗中让自己发出微光,带着自己的队伍前进。

孟晚舟事件打乱了华为进攻的步伐,也打乱了华为接班人的计划。未来的华为将向何处去,没有人能够说得清楚。任正非自己也说,至少从技术高度来讲,华为进入了无人区,茫茫不知前路。

每一个伟大的公司都会有如此时刻,对华为来说,这种困境不是第一次出现,以华为的智慧和耐心,我相信,华为一定会有更加光明的未来。

我们中国人为什么那么喜爱、支持和拥护华为呢?

原因很简单,**华为是一家真正的纯粹的企业,代表了我们中国人的勤劳、智慧、通达、实力和开阔。**

它让世界看到我们中国人的智力、勤劳、吃苦精神都是第一流的,我们中国人的奉献精神也是第一流的。华为从成立到现在,筚路蓝缕,每一步都走得那么不容易。它以自己正向的能量、对技术无止境的追求，包括对人类文明的成果，大胆地学习和创新，慢慢打造出一个强大的自己。

所以，在我们心里，华为有天然的光环，它代表了我们中国人在当下这个时刻做出的新高度，还代表了我们中国人百年以来梦寐以求的占领科技制高点的梦想。

华为尊重每个员工的价值，大公无私，把企业发展的成果和员工共享。所有的这些，我觉得都是华为能够得到我们喜欢和尊重的原因。

任正非的成长经历是中国当代史发展的一个代表，所以我在本章开头说"一个任正非，半部当代史"，就是这个意思。

我有时候就想，有些人真的就是天才，任正非也毫无疑问是一个天才。

这些人类之光用他们的远见、智慧和高瞻远瞩，为我们指明了未来的道路。

最后，让我们一起重温任正非先生的经典名篇——《一江春水向东流》中的几段话：

> 历史的灾难经常是周而复始的，人们的贪婪，从未因灾难改进过，过高的杠杆比，推动经济的泡沫化，总会破灭。
>
> 我们唯有把握更清晰的方向，更努力地工作，任何投机总会要还账的。……历史没有终结，繁荣会永恒吗？我们既要有信心，也不要盲目相信未来，历史的灾难，都是我们的前车之鉴。
>
> 我们对未来的无知是无法解决的问题，但我们可以通过归纳找到方向，并使自己处在合理组织结构及优良的进取状态，以此

第十二章　华为为什么伟大

来预防未来。……

千古兴亡多少事，一江春水向东流，流过太平洋，流过印度洋……不回头。